**잘** 나가는 **직장인은** 1%가 다르다

나를 **변화시키는 직장생활**의 **지혜 36**

# 잘 나가는 직장인은
# 1%가 다르다

저자 양학강 번역 허유영

프롬북스 frombooks

**일러두기**

1. 책 속 설문조사는, 설문조사 전문 대행업체인 '파워리서치' 등 2개 업체에서 진행했습니다.

2. 설문조사의 대상은 성별, 연령별, 직종별로 안배한 600명의 한국 직장인입니다.

3. 설문조사는 2007년 5월과 6월 두 차례에 걸쳐 서울 지역에서 1:1 대면 조사 방식으로 진행했습니다.

4. 설문조사 해설은 설문조사 대행업체와 편집자가 작성하였습니다.

5. 책 속 사례는 원저자의 사례를 한국 독자에 맞게, 고유명사 등을 고쳐 실었습니다.

## 머리말

회사는 무척 중요한 조직이다. 어떤 회사에 속해있느냐에 따라, 또 그 회사 안에서 어떻게 지내느냐에 따라 당신의 생활이 크게 달라진다. 당신의 경제적인 상황, 권한, 사회적 위치가 달라지고, 하다 못해 당신의 건강, 습관도 달라진다. '10년 앞을 내다본 투자가 좋은 투자'라는 말이 있는데, 회사 생활이야말로 투자 중의 투자다. 어떤 회사에서 어떻게 일하느냐에 따라 당신의 20년 후, 30년 후의 모습이 크게 달라진다.

나는 서로 다른 업종의 많은 회사들, 그곳에서 일하는 수많은 직장인들을 만나 상담하는 동안, 직장인들이 가지고 있는 고민의 다양함에 놀랐다. 출퇴근 거리, 급여, 승진, 야근, 휴가는 물론이고, 연애, 취미 생활, 종교, 심지어 인생의 의미까지 직장생활과 연관 지어 고민한다. 이들에게 한 가지 공통된 고민이 있다면 바로, 회사 일로 고민스러울 때 얘기하고 조언을 구할 사람이 없다는 것이었다.

사직이나 이직, 급여에 대해서는 물론이고, 동료나 상사에 대한 평가는 회사 안에서 얘기하기가 꺼려지는 것이 당연하다. 친구나 가족에게 조언을 구해도 신통한 답을 얻을 수가 없다. 친구나 가족은 아무리 당신을 잘 알고 있고 당신을 위한다고 해도, 그들은 당신의 일에 대해 정확하게 알지 못한다.

결국, 직장생활에 대한 상담 아닌 상담은 '알아서 잘 하라'는 식으로 끝맺게 되기 마련이다. 이렇게 되다 보니 직장생활에서 중요한 결정일수록 '혼자 생각해봐서' 심지어 '무턱대고' 저지르는 수밖에 없다.

그렇다면, 어느 업계, 어느 회사에서 일하든 직장생활에서 중요한 결정을 내리기 전에, 꼭 챙겨봐야 하는 것들은 없을까? 직장생활을 힘들게 하는 상황에 부딪혔을 때, 이를 해결하기 위해 유념해야 할 것들은 없을까? 열심히 일한 만큼 인정받고, 없어서는 안될 핵심 직원이 되기 위해서 지켜야 하는 필수 항목들은 없을까?

이 책에서 직장인들의 고민에 대해 정답을 내려줄 수는 없다. 세상에 똑같은 사람이 없고, 똑같은 회사도 없기 때문이다. 하지만, 당신이 맞닥뜨리는 상황에서 어떻게 하면 실수를 없앨 수 있는지 알려줄 수는 있다. 꼭 살펴보고 생각해봐야 할 것들을 놓치지 않으면, 즉흥적으로 결정하고 나중에 후회하는 실수를 범하는 일은 없을 것이다.

출발 전에 준비물 목록을 작성하고, 꼭 챙겨야 할 것들을 챙겨서 떠난 여행 길이 훨씬 편하다. 이미 출발하고 나서 후회해도 소용없는 것이 여행이듯이, 회사 생활도 결정하고 나면 다시 돌이키기가 힘들다. 이 책이 회사 생활이라는 여행에서 준비물 목록이기를 바란다. 여기에 실린 조언이 오늘의 당신은 물론 3년 후 당신에게 큰 도움이 되길 바란다.

양 학 강

경력은 쌓는 것이 아니라 만들어 가는 것이다

많은 사람들이 경력을 그저 쌓아간다. 해마다 이력서를 한 줄 한 줄 늘려가지만, 직장인 대부분 그 이력서가 자신의 뜻대로 되고 있는지 확신할 수는 없을 것이다. 그러다가 어느 순간 자신이 최선의 길에 서있지는 않다는 것을 느낀다. 어디서 잘못된 것일까? 그때 다른 선택을 했다면 좀더 나아지지 않았을까?

직장 생활에도 결정적인 순간이 있다. 『잘 나가는 직장인은 1%가 다르다』는 이 큰 차이를 만드는 결정적인 순간에 꼭 생각해야 할 것들을 담고 있다. 이런 지혜는 모두 저자의 실제 직장인 상담 경험에서 온 것이다.

"변덕스러운 상사 때문에 회사를 다닐 수가 없어요."
"자기 일만 하는 동료로 피해를 보고 있는데 어떡해야 할지…"
"직원들이 저만 은근히 따돌리는 것 같아요."

내게 상담을 요청한 직장인들이 가장 자주 고민하는 것이 위와 같은 질문들이다. 이 책에서 보이는 상황들은 모두 직장 생활에서 흔히 겪게 되는 일이다. 상사와의 갈등, 동료와의 문제, 진땀 나는 위기의 순간들을 맞닥뜨렸을 때의 해결 방안들이 흥미로웠다. 특히 상사의 유형에 따라 대응하는 방법, 화가 난 상사에게 결재 받는 방법, 연봉 협상하는 방법 등은 실질적으로 필요한 기술이며, 당신의 성과는 당신이 챙겨야 한다, 상사에게 아이디어를 주되 빼앗기지는 말라, 공유메일을 절대로 사용하지 말라, 회사에 충성하는 것이 자신에게도 유리하다 등의 조언은 솔직하면서도 유익하다.

나는 내가 상담한 많은 사례에서 직장 생활의 조그만 차이가 큰 결과를 빚는 것을 보아왔다. 조그만 차이가 변화를 만든다. 스스로 변화 없이는 절대로 변화를 이끌 수 없다. 나를 변화시킬 수 있는 것은 나뿐이다. 경력은 쌓는 것이 아니라 만들어가는 것이다. 당신 스스로 경력을 만들어가기 위해 꼭 살펴봐야 할 것들이 이 책에 가득하다.

**윤 영 돈** 윤코치연구소 소장

잘 나가는 **직장인**은 **1%**가 다르다

**차 례**

 **하나**  상사 '**옆**'에서 **일하는** 법

 가장 **적합한 동료**와의 **거리**

 **기회 혹은 위기**

CONTENTS

넷

## 예측 불허의 상황, 기대 이상의 성과

## 다섯 **평범**함에서 **비범**한 **결과** 만들기

하나

상사 '옆'에서
일하는 법

직장인들이 사직을 생각하는 가장 큰 이유가 상사와의 관계 때문이라는 조사가 있다.

직장인에게 가장 중요한 동료이며, 목표이기도 한 것이 직속상사다.

상사 밑에서 일하는 사람이 있는가 하면, 옆에서 일하는 사람이 있다.

어떻게 하면 상사를 당신 곁의 충실한 조력자로 만들 수 있을까?

# 1

# 변덕이 심한 상사와 일하기

한국 직장인 600명에게 물었다

## 변덕이 심한 상사에게 어떻게 대처할 것인가?

❶ 원칙 없는 상사와 일할 수 없다. 전환배치를 요청하거나, 이직을 고려한다.

❷ 변덕을 부려 지시가 바뀌더라도 따르면 그만이다. 지시대로 한다.

❸ 지시가 내려오면 업무 개요, 진행 방향 등을 거듭 확인해서 나중에 바꾸기 힘들도록 한다.

### 1 : 1 설문조사 결과

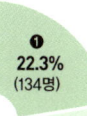

❸
**36.0%**
(216명)

❶
**22.3%**
(134명)

❷
**41.0%**
(246명)

가장 많은 직장인들이 지시가 바뀌면 바뀐대로 하면 된다는 생각을 가진 것으로 나타났다. 업무 시작 전에 업무 관련 사항을 거듭 확인해서 나중에 지시를 바꾸기 힘들게 하겠다는 의견도 비슷하게 나타났다. 한편, 전환배치나 이직을 고려한다는 의견도 20%로 무시하지 못할 만큼 많이 나왔다.

기타 의견으로는 4명이 '상급 상사에게 보고한다'고 답했다.

"잘못된 일이 있다면 100번이라도 고쳐라"라는 말도 있다. 하지만, 함께 일하는 상사가 변덕이 죽 끓듯 해서, 아침에 내린 지시가 저녁이 되면 바뀌어버리는 일이 비일비재하다면 지시를 받아 일하는 직원들도 지쳐버릴 것이다.

## 변덕이 심한 상사의 4가지 유형

변덕이 심한 상사를 만났다면 그가 어떤 유형에 속하는지 자세히 분석하고, 효과적인 대책을 세워야 한다. 변덕쟁이 상사는 다음의 4가지 유형으로 나눌 수 있다.

첫 번째는 완벽추구형 상사이다. 그들은 일이 완벽하게 처리되길 바라며 조금이라도 마음에 들지 않으면 트집을 잡고, 이미 결정한 내용도 하룻밤이 지나면 바꾸어버린다. 그들은 뭔가 부족하다고 생각되면 하루에도 열두 번씩 전략을 바꿀 수 있다.

두 번째는 우유부단형 상사이다. 그들은 결정을 내리지 못하고, 귀가 얇아 오늘은 이 사람 말을 듣고 이렇게 결정하고, 내일은 저 사람 말을 듣고 저렇게 결정한다. 줏대 없이 외부적 요인에 흔들려 결정을 내리지 못하는 유형이다.

세 번째는 감정형 상사이다. 업무의 특성, 상황보다 자신의 기분에 더 큰 영향을 받는 사람들이다. 이런 상사들은 회사 조직에 적응하기 힘들 것 같아 보이지만, 의외로 많은 상사들이 기분에 따라 결정을 내린다. 그들은 자기 기분에 따라 손바닥 뒤집듯 결정을 바꾸기 때문에 같은 일이라도 기분에 따라 다른 결과가 나온다.

네 번째는 사리사욕형 상사이다. 이런 사람들이 전략을 결정하는 기준은 결코 회사의 임무를 완성하거나 회사를 위해 가치를 창출할 수 있느냐의 여부가 아니라, 개인의 이익과 권력을 얻을 수 있는지의 여부이다. 성과가 나오든 말든 유력한 경영진의 결정에 따라야 한다고 고집한다. 보고하기 좋은 업무를 진행하길 원하기 때문에 성과를 내고 싶은 부하직원들의 발목을 잡는 경우가 많다. 이 유형이 가장 위험한 상사이다.

## 상사의 유형에 따라 대응하라

위의 네 가지 유형의 상사들 가운데 완벽 추구형은 부하직원들에게 많은 요구와 지시를 하여 부하직원들을 지치게 만든다. 이런 상사의 부하직원이라면 안타깝게도 다른 방법이 없다. 상사에게 더 완전하고 정확한 정보를 제공해 그로 하여금 최대한 완벽한 결정을 내릴 수 있도록 해야 하며, 더 중요한 것은 지치고 힘들어도 남들보다 빨리 발전할 수 있는 기회라고 생각하고 맡은 일을 충실히 수행하는 것이 유일한 방법이다.

**아울러 업무 방향을 보고하면서 가능한 모든 대안을 정리해서 첨부하면 업무 지침이 바뀌는 일을 줄일 수 있다. 한 가지 기획안을 중점적으로 제시하면서, 가능한 다른 안들도 함께 설명해두는 것이다.** "제 생각에는 A안이 가장 낫습니다. 약점이 있긴 하지만, B, C안도 검토해볼 만 합니다. 그래서 기획안 뒤편에 간략하게 장단점을 정리해두었습니다." 이렇게 보고해두면, 완벽 추구형 상사도 안심할 수 있으며, 이후 업무 지침이 바뀌더라도 어느 정도 미리 예상할 수 있다.

가장 위험한 것은 사리사욕형 상사로, 이런 사람들은 자신의 이익이 우선이기 때문에, 같이 일하기도 피곤하다. 일시적으로 신뢰를 얻었다고 해도 이익에 따라 가차없이 돌아서기 때문에 장기적으로 도움을 기대하기가 어렵다. 이런 상사와는 일정한 거리를 유지하는 것이 가장 좋은 방법이다. 이런 사람들은 때로는 부정한 동기로 전략을 결정하며, 부하직원을 소모적인 업무에 방치하는 것을 그리 어렵게 생각하지 않는다.

● ● ●

전자제품 제조업체에서 일하는 이 팀장도 사리사욕을 챙기는 상사와 일한 적이 있다. 한 번은 이 팀장이 A업체로부터 부품 공급 단가와 보고서를 제출 받아 상사에게 보고했다. 보고서도 흠 잡을 데 없고 가격 경쟁력이 높아 이 업체에서 공급 받는 것이 거의 확실시 되었다. 그런데 마지막으로 상사의 결재만 남은 상태에서 갑자기 상사가 뜻밖의 지시를 내렸다. 이 업체가 제시한 가격을 다른 업체에 제시하며 "이 가격대로 준다면 당신들과 거래하겠다"라고 제안하도록 시켰다. 결국 이 거래는 다른 업체에게도 돌아갔다. 그런데 나중에 알고 보니 이 상사가 A업체의 관계자와 사적으로 불쾌한 일이 있어 일부러 거래를 다른 업체로 돌린 것이었다.

나는 이 팀장에게 가능한 한 그 상사와 거리를 두라고 충고했다. 자연스레 부서를 옮길 수 있다면, 그 방안도 나쁘지 않다고 말했다.

• • •

**사리사욕형 상사들의 결정은, 결정 근거를 업무에서 찾을 수 없기 때문에 어떻게 바뀔지 종잡을 수가 없다. 게다가 회사에 이익이 되는 방향으로 결정하는 것도 아니라서, 문제가 될 소지가 크다.**

우유부단형 상사는 결정을 내리지 못하고 늘 불안하다. 남을 믿지 못하고, 자신감도 부족하다. 이런 상사의 신임을 얻기 위해서는 상사를 안심시키는 것이 급선무이다. 이런 상사에게 보고를 할 때에는 숫자를 최대한 활용하라. '성과가 좋을 듯 하다'는 예상 정도로는 우유부단형 상사를 움직일 수 없다. 예상 비용, 목표 등을 숫자로 명시해서 보고해야 한다. 또, 우유부단형 상사에게는 최악의 상황을 미리 보고하라. "이 계획이 잘못 되더라도 회사에 재정적으로 손해를 끼치는 것은 없습니다"라든지, "적어도 브랜드 홍보 효과는 얻을 수 있습니다" 등의 보고가 필요하다.

감정형 상사는 신경질적이고 자기 통제력이 떨어진다. 이런 상사에게는 말로 보고하기보다는 문서로 보고하는 편이 낫다. 구두 보고는 늘 오해의 여지가 있고, 시간이 지난 후엔 확인할 수가 없다. 감정형 상사는 기분에 따라 결정하고, 나중에 번복하는 일이 잦다. 작은 일이라도 문서 형태로 결재를 요청하고 결재된 서류는 챙겨둬야 한다. 업무를 진행하면서, 최대한 많은 사항을 문서로 작성해서 확실히 하고 저장해두어야 한다.

## 효과적인 대응 방법을 찾아라

끊임없이 더 나은 방법을 찾고, 부족한 점을 보완하려는 노력은 의미가 있다. 상사의 변덕 역시 이런 점에서 나쁘게 평가할 일이 아니다. 좀더 나은 결과를 위해서라면, 일정이 허락하는 한 몇 번이고 업무 방침을 바꾸는 게 당연하다. 하지만, 문제는 이런 노력이 지나치게 길어지면 업무 담당자인 당신은 지칠 수밖에 없다는 것이다.

지치지 않기 위해서 당신이 해야 할 일은 상사가 변덕을 부리지 못하게 하는 것이 아니다. 당신은 상사가 선택할 수 있는 대안들을 미리 생각하고 제시해야 한다. 그럼으로써, 상사가 변덕을 부릴 수 있는 폭을 줄여놓아야 한다.

그래서, 똑똑한 직장인은 상사에게 보고할 때 한 가지 방안만 제시하지 않는다. 'A가 좋겠습니다' 라고 보고하고, '그건 좋지 않습니다' 라는 상사의 대답을 듣고, '그러면, B는 어떨까요?' 라고 물어서는 안 된다. 이런 식으로는 당신이 먼저 지치고 짜증이 날 수밖에 없다. 상사에게 보고할 때는 늘 객관식으로 하라. 'A가 좋겠습니다' 가 아니라, 'A, B, C가 있습니다. 제 생각에는 A가 가장 나을 듯 합니다' 라고 보고하는 것이다.

설령, 상사가 처음에는 A안으로 결정했다가 나중에 결정 사항을 뒤집더라도, B나 C가 될 가능성이 무척 크다. 당신은 이에 대해 미리 예상해서 업무 진행 방향을 생각해둘 수가 있다. 이렇게 업무가 진행될 때 상사는 결정권이 자신에게 있기 때문에 안심할 수 있고 당신을 신뢰할 것이다.

새로운 전략을 시도해보는 것은 조직의 발전을 위한 과정이다. 특히, 속도와 혁신을 요구하는 업종에서는 기업이 고객의 새로운 요구와 기술 발전에 따라 전략을 끊임없이 변화시켜야 한다. 이런 점에서 상사의 변덕은 필수적이다. 무엇보다 먼저, 이를 긍정적으로 생각하고 이해하려는 자세가 필요하다.

**차이를 만드는 1%**

### 결정을 자주 바꾸는 상사의 4가지 유형을 알자

- **완벽추구형 상사** : 보고할 때, 가능한 모든 대안을 함께 제시해서 상사가 선택하도록 하라.
- **사리사욕형 상사** : 일정한 거리를 두고, 가능하다면 함께 일하지 않는 편이 낫다
- **우유부단형 상사** : 숫자를 최대한 활용해서 보고하라.
- **감정형 상사** : 문서로 보고하고 지시를 받아라. 이 문서를 보관하거나 저장해둬라.

# 02

## 상사가 당신의 실적을 가로챌 때

### 한국 직장인 600명에게 물었다

**직속상사가 당신의 실적을 자신의 실적으로 보고하거나 이야기하곤 한다.
어떻게 할 것인가?**

❶ 내 실적은 팀 전체의 실적이므로, 직속상사가 보고하거나 회사 안에서 홍보하는 게 맞다.
    문제 되지 않는다.

❷ 팀 실적 가운데 일부이기도 하지만, 엄연히 내 실적이기도 하다. 개인 업무 파일을 상세히
    기록해 보관한다.

❸ 좀 무리를 해서라도, 경영진에 직접 성과를 보고할 수 있는 자리를 만든다.

❹ 팀원의 실적을 가로채는 것은 부도덕한 일이다. 상급자에게 관련 사항을 보고한다.

#### 1 : 1 설문조사 결과

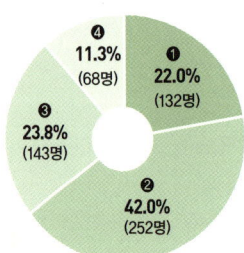

상사가 부하직원의 실적을 자기 것으로 보고하거나 이야기
하는 데 대해 20% 정도만 문제가 되지 않는다고 답했다. 나
머지 직장인들은 몇 가지 방법으로 이를 해결하겠다고 응답
했는데, 일단 개인 업무 파일을 상세히 기록한다는 의견이 가
장 많았다. 상급자에게 보고하겠다는 의견도 10%를 넘었다.
이 외의 답변으로는 '실적을 가로챈 데 대해 상사에게 직접
항의한다' 는 의견이 4명이었고, '기회 날 때마다 동료들에
게 내 실적을 알린다' 는 의견도 있었다.

원칙적으로 모든 직원들의 업무 성과는 명확히 관리되어야
한다. 하지만, 실제로는 업무 구분을 명확히 할 수 없는 경우가 많다. 특히,
직속상사와 부하직원 사이의 일은 더욱 그렇다. 매출, 수익 등 문서로 보고
되는 주요 항목들은 수치 그대로 경영진에까지 보고되지만, 수치화하기 곤
란한 사항들은 경영진이 참석한 회의, 구두 보고 등을 통해 전달되곤 한다.

이때 직속상사는 당연히 자신의 팀원, 부하직원의 성과를 뭉뚱그려 자
신의 성과로 보고하려는 경향이 있다. 물론, 팀 전체의 성과를 모두 누구
의 성과인지 밝혀야 하는 것은 아니다. 하지만, 직속상사가 부하직원의
성과나 아이디어를 자신의 것으로 하는 것은 심각한 문제 상황이다.

## 그냥 넘어가선 안 된다

어떤 직장에 가든 남의 공을 빼앗는 사람들은 흔히 볼 수 있다. 불행히도
자신이 이런 상사를 만났다면 절대로 참고 넘어가서는 안 된다. 참고 넘
어가면 상황이 점점 악화될 뿐이며, 아무리 우수한 성과를 내고, 그 성과
로 인해 아무리 후한 상이 주어져도 당신과는 별개의 일이 될 것이다.

더욱 참담한 것은 이로 인해 홧김에 사직서를 낸다면, 속사정을 모르는 사람들은 당신에게 무능해서 성과를 내지 못하고 그만둔 것으로 오해할 수 있다는 것이다. 이것이 앞으로의 직장생활에도 불리하게 작용할 수 있다. 당신의 성과를 당신이나 팀 동료들이 잘 알고 있다고 해서 안심해선 안 된다. 사람들의 기억이란 믿을 만한 것이 아니다. 명확하게 구분되지 않은 성과는 다른 사람의 것으로 잘못 기억될 수 있다. 당신의 성과를 빼앗기지 않도록 적극적으로 대처하여 자기 이익은 스스로 보호해야 한다. 이것은 이기적인 행동이 아니고, 회사의 이익에 부합하는 일이기도 하다.

● ● ●

업종을 대표하는 대기업에 다니는 박 대리는 성실하고 꼼꼼해 상사에게 칭찬을 듣는 직원이다. 그는 상사의 신임을 받아 늘 상사와 한 팀이 되어 업무를 처리했는데, 이상하게도 상사는 언제나 가장 힘든 일을 도맡는 것이었다. 같은 팀인 박 대리는 울며 겨자먹기로 함께 해야 했다. 둘이 한 팀이지만 상사는 늘 뒷짐만 지고 있고, 박 대리가 거의 모든 일을 혼자 하고 출장도 혼자 다녔다고 한다.

그런데 얼마 후 박 대리는 자신이 올렸던 기획안을 상사가 가로채 마치 자신이 작성한 것인 양 팀장 회의에서 보고한다는 사실을 알게 되었다. 상사가 자신의 공을 가로챈 것이 분명하지만, 그렇다고 더 높은 상사에게 보고할 생각도 없었다. 직속상사를 고자질하는 것은 그리 도덕적인 행동은 아니라고 생각했기 때문이다.

나는 박 대리에게 개인 업무 파일을 작성하고 관리하는 것이 무척 중요하다고 충고했다. 다른 일로 바쁜데 개인 업무 파일까지 기록하는 게 쉬운 일은 아니다. 하지만, 자신의 발전을 위해서 꼭 필요한 일이라고 강조했다. 박 대리는 매번 업무를 완성할 때마다 자신이 처리한 업무를 꼼꼼히 기록해 파일을 만들고, 이 파일을 상사에게 보여주며 자신이 처리한 업무를 빠짐없이 기록해놓았음을 넌지시 알렸다. 그 후로 상사는 박 대리의 성과를 가로채지 못했다.

● ● ●

업무 파일을 상세하게 작성하는 것은 성과를 가로채는 상사에게 대응하는 매우 좋은 방법이다. 회사의 기밀이 아니라면 사본을 관련 직원들에게 보낼 수 있고, 가능하다면 모든 업무 상황을 실무자인 당신에게 가장 먼저 메일로 보내줄 것을 요청할 수도 있다. 메일을 받으면 발송 시간이 증거로 남기 때문에 당신이 상사보다 먼저 업무를 수행했음을 증명할 수 있을 것이다. 경영진과 직접 대화할 기회가 주어진다면 **'제가 ○○○에 대해서 작성한 기획안을 보셨나요? 수정이 필요한 부분은 없던가요?'** 라고 은근슬쩍 물어볼 수도 있으며, 상황이 허락된다면 그것을 당신이 직접 작성했다고 이야기하고, 그 증거를 제시해도 좋다.

### '고위 경영진'의 눈에 띌 수 있도록 당신을 홍보하라

상사가 부하직원의 성과를 가로챌 수 있는 것은 고위 경영진과 말단사원

사이에 중간 관리자라는 장벽이 버티고 있기 때문이다. 중간 관리자는 그 사이에서 경영진과 부하직원의 눈을 가리고, 남의 성과를 가로채는 것이다. 그러나 경영진에게 당신의 재능을 보여주고 직접 신뢰를 얻는다면, 상사에게 성과를 빼앗기는 억울한 일은 당하지 않을 것이다.

회사가 직원 전체 회의를 열어 직원들이 건의와 애로사항을 제시하도록 하는 경우도 많다. 평소에는 경영진과 접촉할 기회가 별로 없다면, 이 기회를 이용해 회사의 문제점을 지적할 수도 있다. 회사를 위해 진지하게 건의하는 모습이 경영진으로부터 호감을 얻을 수 있다. 물론 가장 중요한 것은 해결책이나 개선책을 제시하는 것이다. 대안을 제시한다면 경영진에게 깊은 인상을 주는 동시에, 이 사안을 직접 맡아서 처리하여, 상사가 감히 그 성과에 손을 댈 수 없도록 만들 수도 있다.


직원 전체 회의나 공식적, 비공식적인 경영진 면담 자리에서 자신의 업무나 아이디어에 대해 직접 얘기하는 것을 꺼리는 경우가 있다. 이런 자리에서 '튀는' 것이 부담스러울뿐더러, 정상적인 보고 경로를 벗어난 것으로 생각하는 사람들이 있다. 경영진은 정보에 목이 마르다. 공식 보고로 회사에서 일어나는 일들을 모두 챙기기엔 정보가 턱없이 부족하다. 그래서, 어느 정도 편향적인 보고라도 정보가 되는 것은 모두 도움이 된다.

당신에 대한 동료들의 평가가 아니라, 경영진의 평가가 중요하다. **가끔 있는 경영진과의 면담이나 회의를 충분히 활용하라.** 무턱대고 실현 불가능한 아이디어를 쏟아놓는 것은 문제가 있지만, 평소 생각하던 사항들은 눈치 보지 말고 발표하라.

자신의 성과와 이력을 관리하는 데에 소홀한 직장인들이 생각보다 훨씬 많다. 그들은 상담 중에 이런 말을 한다. '팀장이 가장 일 잘하는 직원이라고 평가한 일도 있었는데….', '재작년에 제가 진행한 이러저러한 일은 정말 큰 성과를 냈거든요.' 자신의 성과를 자기 머리 속에만 담아둬서는 아무도 알아주지 않는다. 심지어, 자기 스스로도 이제까지 어떤 성과를 냈는지 생각해내지 못할 수도 있다.

나와 상담하는 모든 직장인들에게 가능한 한 자주 이력서를 다시 쓸 것을 권한다. 더 나아가서 진행한 업무, 거기에서 거둔 성과, 업무 일지를 작성하는 것도 무척 중요하다고 지적한다. 자신의 성과를 자기 것으로 만들고 성공적인 이력을 쌓아가는 것은 당신 스스로 그 성과들은 어떻게 다루느냐에 달려있다.

차이를
만드는
1%

**당신의 성과는 당신이 챙겨야 한다.**

- 적어도 1년에 한 번은 이력서를 다시 써야 한다.
- 경영진이 참석한 회의에서 의견이나 제안 사항을 좀더 과감히 제시해야 한다.
- 성과, 업무 일지 등을 최대한 자세히 작성하고 관리한다

# 03

## 상사의 잘못을 어떻게 지적해야 하나?

### 한국 직장인 600명에게 물었다

**상사에게 잘못이 있다고 생각한다. 어떻게 지적할 것인가?**

❶ 상사의 판단은 회사의 전망에 중대한 영향을 미치는 사항이다. 공식적으로 문제 제기한다.

❷ 가장 중요한 몇 가지 사실을 있는 그대로 말하고 완곡하게 설명한다.

❸ 개인적인 자리에서 은근히 돌려서 말한다.

❹ 상사가 알아서 할 일이다. 굳이 지적해서 서로 기분 나쁠 일은 만들지 않는다.

1 : 1 설문조사 결과

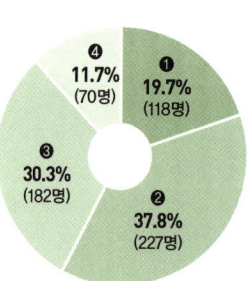

❹ 11.7% (70명)

❶ 19.7% (118명)

❸ 30.3% (182명)

❷ 37.8% (227명)

상사의 잘못에 대해 아무 행동도 하지 않겠다는 의견은 12% 에 불과했다. 대부분의 직장인이 상사가 잘못을 저지르는 경우를 무척 큰 일로 생각하고 다양한 방법으로 해결하려는 의지를 보인 셈이다. 대부분의 직장인들이 이 해결 방법으로 공식적인 문제 제기보다는 개인적인 자리에서 얘기하거나 완곡하게 얘기하기를 택했다. 하지만, 공식적인 문제 제기 역시 20% 정도로, 상당히 많았다.

이외 기타 대답으로는 '상급 상사에게 따로 보고한다' 는 답변이 3명 있었다. 공식적으로 문제를 제기하는 것보다는 상급 상사에게만 따로 보고하는 편이 효과적이라고 생각한 것으로 보인다.

직장생활을 하다 보면 상사가 실수를 저지르는 일이 생긴다. 아니, 실수를 저지르는 것이 당연하다. 완벽한 사람은 없다. 어떻게 잘못이 없을 수 있겠는가? 상사도 사람이므로 때로는 잘못된 결정을 내릴 수 있다. 그런데 상사가 실수를 저질렀을 때, 그것을 지적해 고치도록 하는 데에도 기술이 필요하다. 상사에게 잘못이 있다 해도, 그는 당신의 승진과 인사고과에 영향력을 행사하는 사람이므로 자칫 잘못하면 불이익을 당할 수도 있다.

## 대안을 주고 몰아라

똑똑한 직원은 상사의 자존심을 지켜줘야 한다는 사실을 잘 알고 있다. 상사의 잘못을 적절하게 지적하려 할 때 가장 중요한 것은 상사와 충돌해서는 안 된다는 사실이다. 논리를 내세워 분명히 상사가 잘못했음을 증명하고 핏대를 세워가며 따지고 든다면 상사는 당신을 장렬하게 전사시킬 것이다. 그것도 아주 가뿐하게 말이다. 그러면 당신은 제대로 꿈도 펼쳐보지 못한 채 '유배'를 당해야 할지도 모른다.

또, 상사는 당신보다 많은 결정을 내려야 한다. 경험이 당신보다 많지만, 결정 사항도 많고 결정 권한도 커서 실수할 수 있는 가능성이 더 크다. 당신보다 어려운 상황에서 일하고 있는 사람의 실수를 지적하는 데에는 좀더 너그럽고 완곡하게 얘기하는 것이 공정한 태도이기도 하다. 부하직원의 보고에 근거해서 여러 가지 결정을 내려야 하는 상사를 퇴로도 없이 몰아붙이는 것은 잘못이다.

상사의 결정이 잘못된 것이 확실하다면 적절한 장소에서 대화를 시도해 상사의 잘못을 완곡한 방법으로 알려야 한다. 이때에는 시기가 매우 중요하다. 특히 상사의 기분을 살펴야 한다. 일부러 상사가 잔뜩 화가 나 있을 때를 골라서 잘못을 지적하는 사람만큼 어리석은 사람은 없다. 상사의 기분이 좋을 때 이야기하는 것이 가장 효과적이다.

물론 어떤 장소인지도 중요하다. 절대로 공개적인 장소에서 상사의 잘못을 직접적으로 지적해서는 안 된다. 상사에게는 체면이 매우 중요하기 때문이다. 윗사람에게 위엄이 없으면 아래 사람들을 통솔할 수 없다는 생각을 가지고 있을 것이다. 그러므로 **적절한 시기에 남들 모르게 살짝 잘못을 귀띔해주는 것이 좋다. 그렇게 하면 상사도 당신에게 고마운 마음을 가질 것이다.**

### 공유 메일은 절대 사용하지 말라

요즘은 인터넷의 발전으로 회사 내 의사 소통 방법이 빠르게 변하고 있다. 예전 같으면 모두 구두로 보고하고 처리했을 일을 문서 형태로 하기도 한다. 대표적인 방법이 바로 이메일이다. 많은 사람들은 이메일을 편하게 생각하지만, 사실 이메일은 무척 공개적이고 공식적인 의사 소통 방법 가운데 하나이다.

인터넷 업체에서 일하는 최 팀장을 만난 일이 있다. 최 팀장은 신입사원 시절의 일을 그때까지도 기억하고 있었다. 고객 서비스에 대해 당시 팀장이 내린 결정에 문제가 있다고 생각한 최 팀장은 공유 메일을 통해 팀장의 결정 사항을 논의하자고 제안했다고 한다. 팀장의 실수를 지적하려는 게 절대 아니었고 그저 여러 사람의 의견을 묻기 위한 것이었다. 그런데 이 메일을 보내자 문제가 커졌다. 팀 안에서는 물론이고 다른 팀에서도 의견 메일이 왔고, 결국 많은 사람들이 다수결로 문제를 처리해야 하는 꼴이 됐다.

신입사원이던 최 팀장은 의도하지 않게 당시 팀장과 경쟁하는 모습이 된 것이다. 결국, 여러 사람의 의견에 따라 팀장의 결정 사항은 흐지부지 잊혀졌고, 최 팀장이 제안한대로 진행하기로 했다. 하지만, 최 팀장은 이 고객 서비스 업무를 맡겠다고 나설 수가 없었다. 팀장과 대립이 계속되고 있는 것처럼 보일 것이기 때문이었다. 요즘 최 팀장은 팀원들에게 공유 메일, 특히 팀 밖으로 보내는 메일은 가능하면 보내지 말 것, 보내더라도 팀장과 미리 상의할 것을 당부한다고 한다.

인터넷이 발전하지 않았던 때, 회사에서 공식적인 문서란 사무실 벽에 설치된 게시판에 출력물을 붙이는 것 밖에는 없었다. 이 게시물은 문제가 되지 않았다. 붙일 수 있는 권한이 한정돼있었고, 모든 사원이 보는 데에도 시간이 걸렸기 때문이다. 하지만, 인터넷이 발전한 요즘, 사내 게시물은 누구나 쓸 수 있는 것이 되었다. 그것이 바로 공유 메일이다. 공유 메일, 특히 논쟁적인 내용의 메일을 보내는 것은 회사 사무실에 무척 큰 게시글을 붙이는 것과 같다. 아니, 그 이상이다. 파급 속도가 더 빠르고, 심지어 수신자가 이를 저장할 수 있다. 붙이면 뗄 수가 없는 공지문인 셈이다.

상사의 잘못을 지적할 때는 절대 공유 메일을 쓰지 말라. 생각 없이, 남들의 의견을 듣기 위해, 또 단순히 당신의 능력과 비전을 과시하기 위해 공유 메일을 보내는 순간, 상사와의 대립은 부풀려져서 당신도 감당할 수 없게 될 것이다.


## 두 걸음 전진을 위한 한 걸음 후퇴

상사의 잘못을 지적하기에 적절한 때와 적절한 장소를 찾았다면, 그 다음으로 중요한 것은 말을 꺼낼 때 처음으로 하는 말이다. 어떻게 말을 꺼내느냐에 따라 대화의 성패가 좌우된다. 우선 상사에게 자신이 좋은 의도에서 출발하는 것임을 알게 해야 한다. 예를 들어, "이것은 그저 제 생각입니다만…." 또는 "우리 팀 입장에서 봤을 때…." 등의 말을 하는 것도 좋다.

상사가 잘못된 결정을 내리는 이유는 아주 많다. 잘못된 정보를 들었기 때문일 수도 있고, 아니면 정보를 충분히 입수하지 못했기 때문일 수도 있다. **이런 경우 상사가 내린 결정에 초점을 맞추기보다, 상사가 결정을 내리는 데 근거로 삼았던 것에 초점을 맞추어야 한다.** 모든 사실을 상사에게 이야기한다면 상사가 자신의 결정이 잘못된 것임을 깨달을 수 있고 쉽게 인정할 수 있다.

이를 테면, "지난 번 결정하신 제휴 건은 이 매출 때문에 그러신 겁니까? 좀더 살펴보니, 제가 보고드릴 때와 좀 다른 게 있어서요."라는 식으로 수치나 전망에 차이가 있었던 것을 말해도 좋다. 또, "지난 번 회의에서 얘기하신 것에 대해 담당자로서 생각해보니, 그것보다는 이러는 것이 성과 면에서 나을 것 같습니다"라고 대안을 제시하는 것도 무척 바람직하다.

당신이 대안 없이 상사의 잘못을 지적한다면, 이를 수정하고 새로운 방침을 내리는 것을 상사에게 맡기는 꼴이 된다. 반면, 당신의 대안을 상사에게 제시한다면, 상사는 이전 안과 당신의 안 중에서 좋은 것을 선택할 수 있다. **문제를 내고 해답을 요구하는 것은 당신이 아니라 상사의 업무이다. 상사를 설득하려면, 여러 가지 해답을 제공하고 선택의 권한을 상사의 것으로 온전히 남겨둬야 한다.**

차이를 만드는 1%

상사의 잘못된 결정을 지적할 때에는...

- 상사의 잘못을 지적할 때, 이메일, 특히 공유 메일은 절대 쓰지 말라
- 상사의 결정을 문제 삼기보다는 그 결정을 내리게 된 근거에 대해 의견을 말하라
- 두 가지 이상의 대안을 함께 제시해서 상사에게 선택권을 줘라

# 04

# 어제의 동료가 오늘의 상사

## 한국 직장인 600명에게 물었다

**어제의 동료가 오늘의 상사가 된다면 어떻게 해야 하나?**

① 상사는 상사다. 깍듯이 대한다.

② 나도 불편하지만, 승진한 동료 역시 불편할 것이다. 전환 배치를 요청한다.

③ 승진에서 누락된 것은 큰 문제다. 이직을 적극적으로 고려한다.

④ 승진 인사에 대해 이의를 제기한다.

### 1:1 설문조사 결과

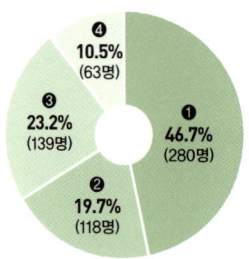

④ 10.5% (63명)

③ 23.2% (139명)

① 46.7% (280명)

② 19.7% (118명)

절반 가까운 직장인들이 다른 상사와 다를 바 없이 깍듯이 대하겠다고 응답했다. 승진한 동료가 불편해할 것까지 고려해 전환배치를 요구하겠다는 의견도 20% 정도가 나왔다. 30% 정도가 이의를 제기하거나 이직을 준비하겠다고 응답했다.

공사 구분을 정확히 해야 한다고들 한다. 회사에서 승진은 공적인 일이고, 동료 간의 개인적인 감정은 사적인 일이 분명하다. 원칙대로 말하면, 동료가 직속 상관으로 승진하더라도 다른 상사와 다를 바 없이 대하는 게 맞다. 하지만, 감정이 있는 사람이라면, 원칙대로 되지 않는 것도 당연하다.

이전과 달라진 관계 때문에 껄끄러울 수 있으며, 업무에 차질을 줄 수도 있다. 뒤집어 생각해보면, 상사가 낯선 인물이 아니며 좋은 친구일 수도 있다. 어제의 동료가 당신의 일을 결정하고 지시하는 상황이라면 어떻게 받아들이고 대처해야 할까?


**언행에 신중을 기하고, 예의를 갖춰 대한다**

승진과 관련해서 관계가 어색해지는 경우는 상담 중 자주 접하는 사례이다. 이런 사례는 요즘 직장 문화가 근속 연수나 나이보다 능력 위주로 인사를 결정하면서 더욱 늘어나고 있다.

이 과장과 김 과장은 대학 동기동창으로 대학을 졸업한 후, 나란히 대기업에 입사했다. 직장생활 내내 마케팅 부서에서 친하게 지냈다. 그런데, 김 과장이 먼저 승진해서 이 과장의 상사가 되었다. 이 과장은 이제는 팀장이 된 김 과장을 찾아가 결재를 받곤 했다. 김 팀장은 이 과장이 승진에 불만이 없는 듯 해서 내심 안도했다고 한다.

한 번은 업무와 관련해 이야기를 나누던 중 김 팀장이 이 과장에게 "커피 한 잔만 가져다 주겠어?"라고 말했다. 이 한 마디에 이 과장은 자존심이 상했던지 굳은 표정으로 자리를 박차고 일어났다고 한다. 그 후로 이 과장과 김 팀장의 사이가 매우 서먹서먹해졌다. 이 과장은 김 팀장의 지시에 일일이 반박하고 따르지 않았다. 이 둘은 결국 이 과장이 회사를 떠나는 것으로 인연을 끝맺었다.

나는 김 팀장에게 그만한 일만으로 회사를 떠나는 사람은 없다고 말해줬다. 커피 심부름을 시킨 일이 계기가 돼서 둘 사이가 서먹서먹해졌을 수 있다. 그러나, 그것이 전부일 수는 없다. 이 과장이 평소에도 회사의 승진 인사나 김 팀장에 대해 섭섭하거나 불만을 가지고 있었을 것이다. 문제는 김 팀장이 이 과장의 생각을 알지 못했으며 배려할 생각이 없었던 것이고, 이 과장 역시 김 팀장에게 자기의 생각을 얘기하지 않았다는 데에 있다.

**그들이 동료였을 때에는 커피를 가져다 주는 것 정도는 예삿일이었지만, 동료가 상사로 올라서고 나서는 상황이 완전히 달라졌다.** 이런 경우에는 상사가 된 사람도 스스로 언행을 조심하고, 승진하지 못한 사람은 상사를 최대한 배려해주어야 한다. 승진에서 누락된 당신만큼이나 상사도 불안정한 상태에 있다. 당신의 태도에 대해 민감할 수밖에 없다. 무엇보다 먼저 언행에 신중을 기하고 예의 갖추는 게 우선이다.

### 껄끄러움인가? 불만인가?

동료가 상사가 된 경우, 크게 두 가지 문제가 생긴다. 일단, 서로 대하기가 껄끄럽다는 것이다. 호칭부터 문제가 된다. 상사에게 깍듯이 대하는 것도 편하지 않지만, 상사로서 자연스럽게 지시하는 것도 어색하다. 또, 업무에서도 이전부터 가져오던 관계가 한 순간 단절되는 것이기 때문에, 함께 처리하던 업무를 어떻게 끝맺어야 하는지 명확하지 않을 수 있다.

두번째 문제는 당신이 승진에서 누락됐다는 데 대한 불만이다. 이전에는 동료와 동등한 위치에서 일했지만, 회사는 당신보다 동료를 더 높게 평가했다. 이것은 확실한 사실이다. 상사가 된 동료와 껄끄러운 것과는 전혀 무관한 문제이다. 하지만, 승진에서 누락된 데 대한 불만의 원인을 승진한 동료에게서 찾는 경우가 있다.

우선 당신이 이 두 가지 중 어떤 경우인지 생각해보라. 자신에 대한 평가에 큰 불만이 없으며 앞으로 올 승진 기회를 찾으면 된다고 생각하고 있다면, 문제 해결은 쉬워진다. 지금 당신의 앞에 있는 사람은 당신의 동료가 아니라 상사이다. **모든 면에서 낯선 상사와 똑같이 대하라. 이렇게 대하면 이전의 친분이 부담스럽지 않고 오히려 장점이 될 것이다.**

동료에 비해 낮은 평가를 받고 승진에서 누락된 것이 당신과 상사 관계에 악영향을 미칠 수 있다. 이런 감정은 이유가 없는 것이 아니다. 작은 차이일 뿐인데 좋지 않은 평가를 받았다고 생각할 수도 있고, 동료가 승진했으므로 이 부서에서 승진의 기회가 더 멀어졌다고 판단할 수도 있다.

그러나, 당신이 승진에서 누락된 것과 동료가 승진한 것은 동시에 일어난 일이긴 하지만, 같은 사건이 아니다. 이때 중요한 것은 당신의 이런 불만이 상사로 승진한 동료와는 무관하다는 사실을 아는 것이다. 승진 인사는 동료가 결정한 것이 아니다. '나보다 뭘 더 잘 했다고…' 라든지, '경영진에 잘 보여서 승진하다니…' 라는 생각으로 상사에게 불만을 드러내는 경우가 있다. 이것은 상사 입장에서 무척 억울한 일이며, 당신에게도 도움이 되지 않는다.

불만스러울수록 침착하게 판단하고 행동해야 한다. 먼저 득실을 따져보라. 동료의 승진으로 당신의 기회가 얼마나 줄어들었는지, 경영진은 당신을 어느 정도나 낮게 평가하고 있는지 사실을 수집해야 한다. 이렇게 따져보고 나서 이번 인사로 인해 당신의 기회가 무척 적어졌으며, 당신에 대한 회사의 평가가 회복하기 어려운 것이라고 판단했다면 전환배치를 요구하거나 이직을 생각해도 좋다.

전환배치를 요구하는 데에도 요령이 필요하다. 어차피 회사를 벗어나지 않고 업무 영역도 크게 달라지지 않는다면 자주 부딪혀야 한다. 지금의 상사와 관계가 틀어져서 좋을 것이 없다. **전환배치를 요청하는 이유**

로, '상사의 능력을 믿을 수 없다'거나, '인사가 불공정했기 때문'이라고 말하지 말라. 어떤 회사도 지금 막 끝낸 인사를 바로 뒤집을 수는 없고, 그러길 요구하는 직원을 좋게 평가하지 않는다. 당신의 본심이 무엇이든 다른 이유를 댈 수 있다. '당신은 물론 상사로 승진한 동료 역시 껄끄럽고, 그래서 업무에 비효율적일 수 있기 때문'에 전환배치를 요구하는 것은 누구나 납득할 수 있지 않은가.

## 친분은 기회다

새로운 상사와 친분이 전혀 없었다면, 처음부터 중용될 기회는 많지 않다. 이런 경우에는 상사가 누구이든 일 처리 능력을 보여줘야 한다. 새로 임명된 상사가 가장 먼저 하는 일은 믿고 일을 맡길 수 있는 사람을 찾는 것이다. 하지만, 업무 평가 항목은 다양하다. 원칙대로 일을 처리하는 것을 우선 생각하는 상사가 있는가 하면, 원칙이야 어떻든 성과를 내는 데 주력하는 상사가 있다. 상사의 성향을 유심히 관찰한 후, 당신을 드러낼 기회를 찾아야 한다. 당신의 업무를 처음부터 보고해야 할 수도 있고, 다시 구성해야 할 수도 있다.

만약 이미 잘 알고 있는 동료가 상사가 된다면 낯선 팀장보다 일하기 편한 것이 당연하다. 서로에 대해 다시 소개할 필요도 없고, 성향을 새삼 관찰하지 않아도 된다. 업무 면에서도 전임 팀장과 인수인계가 필요 없고, 당신의 업무도 다시 보고하지 않아도 된다. 생각하기에 따라, 당신의 측근을 경영진에 가깝게 놓아둔 것일 수 있다.

## 동료를 통해 배워라

또, 상사가 된 동료는 유용한 관찰 대상이다. 당신과 능력, 경력 면에서 비슷한 동료가 새로운 업무, 권한을 맡아 운용하는 것을 유심히 관찰하라. 어떤 점에서 경영진에게서 좋은 평가를 얻고, 어떤 점에서 실패하는지 살피는 것이다. 직위, 서열 체계가 이전과 다른 요즘 빠른 승진이 늘 좋은 결과를 낳지는 않는다. 당신과 동일한 조건의 동료가 상사로서 업무를 처리해가는 것을 살피는 것은 좋은 수업이 된다. 멋진 일이 아닌가! 당신에게 교훈을 주기 위해 동료가 힘든 일을 맡아주다니….

**차이를 만드는 1%**

**먼저 승진해서 상사가 된 동료, 대하기가 편하지 않을 때는?**

- 곰곰이 생각해보라. 그저 승진한 동료를 대하기가 껄끄러운 것인가? 아니면, 승진 인사가 불만스러운 것인가?
- 승진한 동료와의 관계에서 얻을 수 있는 것이 무엇인가?
- 이번 인사로 당신에게 앞으로 얼마 동안이나 승진의 기회가 미뤄질지 가늠해보라.

# 5

## 직속상사가 당신에 대한 편견을 가지고 있을 때

**직속상사가 당신의 근무 태도, 업무 성과에 대해 오해하고 있는 듯 하다.
어떻게 할 것인가?**

❶ 문제가 있으면, 부딪혀서 풀어야 한다. 상사와 직접 대화해서 해명한다.

❷ 오해하고 있는 상황에서 상사와 대화하는 것은 무의미하다. 경영진과 대화해 해명한다.

❸ 진실은 밝혀지게 마련이다. 별 문제될 것이 없으므로, 실제 불이익이 없는 한 그냥 놔둔다.

### 1 : 1 설문조사 결과

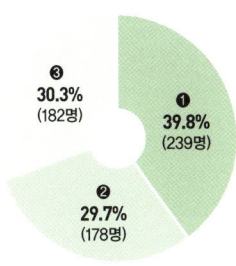

❸
30.3%
(182명)

❶
39.8%
(239명)

❷
29.7%
(178명)

가장 많은 직장인들이 상사와 직접 대화해서 해결하겠다고 응답했다. 하지만, 상사와 대화하지 않고 그냥 놔두거나, 경영진과 얘기해서 해명하겠다는 응답 두 가지를 합해서 절반이 넘었다. 가장 자주 부딪히는 상사와의 문제이지만, 방치하거나 다른 방법을 통해 해결하겠다는 응답이 의외로 많았다. 기타 응답으로는 '술자리 등 좀더 편한 자리를 마련해서 팀원 전체와 허심탄회하게 대화한다' 가 있었다.

상사가 당신을 오해하고 있을 경우, 가장 큰 문제는 상사나
당신 모두 그것이 오해라는 사실을 모른다는 것이다

상사라면, 누구나 부하직원들에 대해 자기만의 성적표를 가지고 있다.
이 미공개 성적표는 인사고과처럼 공식적인 평가와는 다르다. 이 마음 속
성적표로 상사는 당신을 제대로 평가하고 있다고 생각하고, 당신은 상사
가 어떻게 생각하는지 짐작만 할 뿐이다. 또, 오해는 큰 일보다는 작은 일
을 통해 생기고, 시간이 갈수록 고정관념으로 굳어진다.

이를 테면, 몇 번 지각하는 모습을 보인 이후로 오랫동안 '근무 태도가
좋지 않은 직원'으로 오해를 받을 수 있고, 몇 차례 짜증을 낸 것 때문에
의욕이 부족한 사람으로 오해 받을 수도 있다. 업무 시간에 주식 투자 프
로그램이나 게임 사이트를 띄워둔 것을 한 번 보고 당신을 업무에 태만한
사람으로 오해할 수도 있다.


**이럴 때** 당신은 **오해**받고 있다

당신이 중요하게 생각하는 일 때문에 오해가 생기지 않는다. 당신이 중요

하게 생각하는 것은 회사도 중요하게 여기는 것이다. 매출, 수익, 계약 건수 등은 회사와 당신이 모두 중요하게 생각하는 요소들이다. 이런 요소들에 대해서는 공식 통로를 통해 평가를 할 것이다. 긍정적 평가든 부정적 평가든, 평가에 대해서는 얘기하기도 쉽고 오해의 여지도 적다. 하지만, 당신이 중요하게 생각하지 않는 것에 대해 직속상사가 부정적인 생각을 가지고 있을 경우엔 얘기하기가 쉽지 않고 오해의 여지도 크다.

직속상사가 당신을 오해하고 있을 때, 가장 확실한 징후는 당신과 업무 외 대화를 꺼린다는 것이다. 당신에 대해서 오해하는 것이 있지만, 이것은 진지하게 대화할 만큼 중요한 일은 아니다. 자연스레 이 문제에 대해서는 지적할 수가 없을 것이고, 그러다 보면 다른 것에 대해서도 얘기하지 않으려 할 것이다.

또, 신규 사업 등 책임이 큰 일을 당신에게 맡기길 꺼릴 것이다. 당신은 혐의를 받고 있고, 확실하지 않은 구석이 있는 사람이다. 이런 사람에게 성과가 확실히 드러나는 일을 맡기는 것은 상사에게도 위험 요소가 된다. 책임이 큰 일은 신임하는 사람이나 아니면 아예 다른 부서나 회사 밖으로 내보내도 상관없다고 생각하는 사람들에게 맡기는 것이 안전하다.

상사가 당신에겐 업무에 꼭 필요한 지시만 하고 다른 대화를 피하며 신규 사업이나 궂은 일은 맡기지 않는다면, 당신에 대해 뭔가 오해하고 있는 것이 확실하다. **이런 경우, 일단 스스로를 상사의 시각에서 다시 평가해보라. 그런 후에 상사와 직접 얘기해보라.**

## 상사와 대화를 시도하라

상사의 오해 때문에 직장생활이 힘들었던 사례를 몇 해 전 상담 중에 들었던 일이 있다.

• • •

한씨는 대학을 졸업한 후 한 중학교의 교사로 발령받았다. 한씨는 두 해를 보내고 스스로 직장에 잘 적응하고 있다고 생각했다. 그러나 어찌된 일인지 교장이 그를 탐탁지 않게 생각하고 있는 것 같았다. 교장으로부터 영문도 모르게 질책을 받는 일도 있었다. 교장은 별다른 설명을 하지 않았고, 한씨는 지적 받은 사항만 고치면 될 것으로 생각했다. 그러나, 문제 해결이 쉽지 않았다. 지적 사항을 고치려고 노력하는 동안 다른 지적이 이어졌던 것이다.

나중에 동료 교사들의 얘기를 듣고 생각해보니 교장은 어처구니 없게도, 다른 사람이 저지른 실수를 한씨가 한 것으로 생각하고 있는 듯 했다. 이 사실을 안 한씨가 어렵게 용기를 내어 교사 회의 시간에 해명했지만, 교장은 냉랭한 말투로 '어찌 됐거나 당신에게도 책임이 있다' 는 식으로 말했다. 한씨는 억울함에 눈물까지 보이며, 거듭 자기 잘못이 아니라고 말했다고 한다. 교장은 당황하며 자리를 피했다.

한씨는 창피하고 답답하기 짝이 없었다. 교장이 왜 자신의 해명을 들어주지 않는지, 왜 오해를 풀지 않는지 속이 터질 것 같았다. 나와 만났을 때, 한씨는 무척 격앙돼있었다. 교사야말로 그녀가 오래 전부터 꿈꿔온 직업이었는데, 꿈을 이루자마자 문제가 생긴 것에 대해 자책하고 학교를 관둬야 하는지 고민하고 있었다. 그녀는 이제 학교를 졸업한 지 2년밖에 되지 않은 사회 초년병이었던 것이다. 나는 한씨에게 교사 회의 시간이 아니라, 어렵더라도 업무 시간 후에 교장을 따로 찾아가 대화를 나눌 것을 권했다. 한씨는 다른 교사들이 모두 퇴근한 후 교장실을 찾아가 그동안 있었던 일을 상세히 설명한 후, 마지막에 '이래도 제 잘못이라고 생각하신다면 어쩔 수 없이 책임을 지겠습니다' 라고 덧붙였다. 교장은 그저 '알겠다' 라고만 했는데, 그 다음부터는 한씨를 좀더 편하게 대했다고 한다.

• • •

상사가 이미 자신을 오해하고 있다면, 색안경을 끼고 당신을 바라볼 것이므로, 처음에는 오해를 풀기 위해 해명하는 당신에게 반감이 생길 것이다. 또 책임을 회피하려고 한다며 나무랄 수도 있다. 그러므로 상사에게 해명을 하려 한다면 상사가 반감을 표시할 것이라는 점을 미리 예상하고 마음의 준비를 해야 한다. 상사가 해명을 아예 들으려고 하지 않을 수도 있다.

또, 아예 해명이 불가능한 것에 대해 오해할 수도 있다. '제가 늘 주식 투자 프로그램만 들여다 보고 있는 것은 아닙니다' 라든지, '제가 생각보다 지각이 적습니다' 라고 진지하게 얘기해보라. 당신 앞에서는 '그렇군요' 정도로 말하겠지만, 당신에 대한 생각을 바꾸긴 어렵다.

**어떤 경우든 오해에 대해 상사와 얘기할 때 중요한 것이 한 가지 있다. 공개적이거나 공식적인 통로로 말해서는 안 된다는 것이다.** 상사들은 자신이 부하직원에게 어떻게 보이는지 늘 전전긍긍하는 사람들이다. 어떤 의미에서는 부하직원이 상사에 대해 어려워하는 것 이상으로 부하직원을 어려워하기 때문에, 공개적으로 구석에 몰리는 것을 끔찍히 싫어한다. 공개적인 자리에서 상사의 의견이 틀렸다고 지적하는 것은 문제를 심각하게 만드는 짓이다.

앞의 사례에서 교사 한씨의 경우에서 한씨가 공개적인 자리에서 해명했을 때, 교장이 보일 수 있는 반응은 정해져있다. 자리를 피하는 수밖에 없다. 좀더 나은 경우라고 해도 '나중에 얘기하자'는 대답이 고작이다. 자신에 대해 해명하는 것 역시 상사의 잘못된 생각을 지적하는 것이다. 따로 찾아가 만나거나 아예 업무 외 시간에 만나 얘기하는 것이 낫다.

## 고집 부리지 말라

대화해서 해결되는 오해가 있는가 하면, 당신이 바꿔야 해결되는 경우도 있다. 출퇴근 시간, 옷차림, 말투처럼 작은 것에서 상사와 다른 생각이나 기준을 가지고 있지 않은가? 만약 그런 게 있다면 일단 고쳐라. 적어도 고치려고 노력한다는 것을 상사에게 보여줄 필요가 있다. 물론, 당신은 당신의 생각에 대해 할 말이 있을 것이다. '지각이 좀 잦지만 야근이나 휴일 근무가 많다'거나 '이런 옷차림이라도 업무에 효율적이면 그만'이라고 말이다. 맞는 말일 수 있다.

하지만, 당신의 지각, 당신의 옷차림으로 인해 당신에 대해 부정적인 평가를 갖고 있는 팀장에게 당신의 생각을 말하는 것은 쓸모 없는 일이다.

상사는 당신보다 경험이 많다. 자잘한 것에 대한 상사의 생각도 이 경험에서 나온 것이다. 만약, 상사와 잘 지낼 생각이 없고 담을 쌓고 당신의 일만 하고 싶다면, 이 자잘한 것은 당신 뜻대로 해도 좋다. 당신 뜻대로 한다면, 인사고과에서 기대한 것보다 높은 평점을 받을 거라는 생각은 하지 않는 편이 낫다. 이런 회사 생활이 꼭 나쁜 것만은 아니다. 어차피 세상의 모든 직장인들은 저마다 다른 이유로, 다른 생각을 가지고 회사에 다니니까 말이다.

하지만 만약, 이 회사 안에서 좀더 많은 권한과 기회를 갖고 싶다면, 자잘한 것들은 상사의 생각대로 맞추거나, 적어도 맞추려는 노력을 보여야 한다. 자잘한 것은 중요하지 않은 것이다. 어차피 중요하지 않다면 당신 생각과 좀 다르게 한다고 해서 엄청난 결과를 가져오지는 않는다. **중요하지 않은 것을 맞춰주고 중요한 기회를 얻는 것이 백 번 현명한 일이 아닐까?**

### 상사가 당신을 오해하고 있다면?

● 어떤 경우에도 상사를 궁지로 몰지 말라
● 상사의 오해에 대해 해명하려면 공식적인 자리는 피하는 게 좋다
● 중요하지 않은 것은 상사에게 맞춰주고 중요한 기회를 잡아라

# 06

## 화가 난 상사에게 결재 받기

### 한국 직장인 600명에게 물었다

**상사가 화가 나있는데, 급하게 결재를 받아야 하는 일이 있다.
어떻게 할 것인가?**

❶ 화가 났어도 할 일은 해야 한다. 평소와 다름 없이 결재를 요청한다.

❷ 직접 만나 이야기하는 것을 피하고, 결재 서류를 책상 위에 두거나, 이메일로 보고한다.

❸ 시기가 좋지 않다. 아무리 급한 일이라도 일단 보류하고 가지고 있다.

#### 1 : 1 설문조사 결과

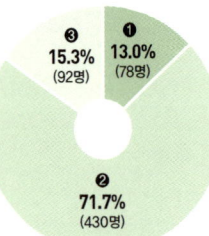

❸ 15.3% (92명)
❶ 13.0% (78명)
❷ 71.7% (430명)

압도적으로 많은 직장인들이 화난 상사를 직접 대면하기를 피했다. 70% 정도가 결재 서류를 책상에 두고 오거나, 이메일을 쓰겠다고 했고, 15% 정도는 심지어 결재를 미루겠다고 응답했다. 평소처럼 대한다는 직장인은 13%에 불과했다. 화난 상사에게 보고하고 결재를 받는 것을 무척 부담스러워하는 것이다.

상사가 단단히 화가 나있을 때, 하필 급하게 이야기할 일이 생겼다면 어떻게 할까? 또, 하필이면 이 보고 사항이 회사의 부진이나, 당신의 실수에 대한 것이라면 어떻게 해야 할까? 눈치 보지 않고 할 일을 하는 배짱도 보기에 멋진 일이다. 하지만, 불길 속으로 몸을 던지는 불나방이 되고 싶지 않다면 몇 가지 원칙을 알고 있어야 한다.

### 보고나 결재를 미루지 않는 것이 원칙이다

'보고할 일이 생겼을 땐, 가능한 한 상세하게 즉시 보고한다' 는 것이 회사 생활의 원칙이다. 정보 공유와 판단의 속도가 사업의 성패를 좌우하는 경우가 많기 때문이다. 상사가 화가 났다거나, 얘기하기 껄끄러운 상황이라고 해서 꼭 알려야 할 시급한 사안을 보고하지 않고 뒤로 미루는 것은 문제가 크다.

단지 회사가 입을 손실만 문제가 되는 것이 아니다. 보고나 결재 요청을 미룸으로써 당신이 져야 하는 책임이 문제이다. 보고나 결재 요청은 기본적으로, 상사와 함께 책임을 나누는 과정이다. 이미 보고된 내용이나 결재를 요청한 사항은 당신뿐 아니라, 상사에게도 책임이 돌아가게 된다. 그런데, 이를 미루고 있으면, 책임은 온전히 당신 몫이다.

상사가 화가 났다면 그럴만한 이유가 있을 것이다. 상사들도 부하직원을 통솔하다 보면 알게 모르게 스트레스와 고충이 있을 것이다. 상사가 화가 난 것이 단순히 사적인 문제 때문이 아니라, 이런 업무상의 스트레스를 풀지 못했기 때문일 수도 있다. 상사가 화가 났다고 해서 두려워하며 슬슬 피하는 것은 좋은 방법이 아니다. 당장 처리해야 할 급한 일이 있을 수 있다면 용기를 내서 상사를 찾아가야 할 수밖에 없다.

용기를 내서 상사에게 말을 걸었는데 잘못해서 상사의 화를 더욱 돋웠다면, 더 이상 말하지 않는 것이 낫다. 상사가 질책을 하든 비난을 하든 맞서서 언쟁을 벌이는 것을 금물이다. '기분이 좋지 않은 건 알지만, 그걸 다른 데다가 화풀이를 하면 어떻게 하나요?'라고 대꾸한다면 뒷감당이 힘들어질 것이다. 이것은 오히려 화난 사람에게 기름을 붓는 격이다. 반대로 연신 잘못했다고 말하는 것도 좋지 않다. 잘못했다고 할수록 상사의 비난은 더욱 심해질 것이다. 그런 기분일 때에는 상대가 아무리 사과를 해도 진심인 것으로 보이지 않기 때문이다.

이 경우 가장 좋은 방법은, 상사의 화가 누그러진 후에 방법을 바꾸어 다시 접근하는 것이다. 상사의 마음이 누그러진 후에 다시 이야기를 하면 상사도 진지한 태도로 받아들일 것이다. 사실 상사가 원하는 것은 부하직원의 사과가 아니다. 단지 부하직원이 자신의 생각을 이해하고 어떻게 일을 추진해야 하는지 아는 것이다. 매일 입버릇처럼 사과를 하지만 정작

일 처리 방식은 개선되지 않는다면 사과를 해봐야 무슨 소용이 있을까?

상사 앞에 나서서 상사의 눈에 띄면 상사도 당신이 무언가 할 말이 있다는 것을 알 것이다. 그런데도 상사가 눈길을 주지 않는다면, 조급하게 상사에게 직접 말을 걸지 말고 상사가 생각을 정리하고 마음을 가라앉힐 수 있도록 시간을 주어야 한다. 상사가 '내게 무슨 볼 일이 있습니까?' 라고 묻는다면 그것은 상사가 기분이 조금 나아졌음을 의미하므로, 이 때 이야기를 꺼내면 좀더 수월하게 대화를 풀어갈 수 있다. 또 상사와 이야기할 때에도 '한 가지 보고드릴 일이 있습니다' 라고 말하기보다는 가벼운 말투로 약간의 유머를 섞어 대화를 시작하면 거리를 좁힐 수 있다. 서면으로 보고하는 것도 좋은 방법이다. 상사가 기분이 좋지 않을 때에는 우선 보고의 내용을 이해할 수 있는 시간을 준 다음에 논의하는 것도 괜찮다.

## 화가 났을 때는 '돈 이야기'를 하지 말라

상사가 화가 나있을 때에도 보고할 것은 보고해야 하지만, 끝까지 피해야 할 이야기가 있다. 바로 매출, 예산, 결산 등 돈과 관련된 문제들이다. 상사가 화가 나있을 때, 연봉 얘기를 하는 회사원은 없을 것이다. 돈 얘기는 무척 민감하다. 숫자에 불과하기 때문에 결정은 쉽게 내릴 수 있다. 하지만, 결정을 내리고 나면 사업 전체의 모습이 크게 달라진다. 또, 수치로 정해지기 때문에, 결정을 내리고 나면 고치기가 쉽지 않다.

화가 난 상사에게 보고하거나 결재 요청하는 것을 잠시 미루는 것은, 단지 대하기가 껄끄럽기 때문만은 아니다. 상사에게도 기복이 있다. 그것이 감정적인 이유 때문에 생기는 것일 수도 있다. 때에 따라서는, **화가 나 있는 것을 판단 능력이 심하게 떨어져 있다고 이해해야 한다.** 이때 무리하게 판단을 요구하는 것은 당신이나 상사 모두에게 좋지 않다. 화가 난 상사에게 민감한 보고를 조금 늦추는 것은 상사에 대한 배려라고 봐도 좋을 것이다.

**상사가 화가 나 있을 때에는 예산이나 매출 등에 대해 이야기하지 않는 것이 좋다. 이런 것들은 모두 '돈'과 직결되는 문제이기 때문이다.** 이미 논의했던 기획안의 구체적인 추진 방법이나, 시급을 요하는 인사 배치 문제 등 문제가 발생될 소지가 적은 사안이라면 이야기해도 괜찮다.

차이를
만드는
1%

### 화가 난 상사에게 결재 받는 몇 가지 요령

- 화가 난 상사에게 '돈 이야기'는 금물
- 결재를 요청하는 사항을 이메일로 미리 상세하게 설명하고 시간을 준 후 결재를 받는다
- 바로 업무 얘기를 하기보다는 가벼운 대화 소재를 선택해 말을 건 후 결재를 요청한다

# 7

## 실수를 보고해야 할 때는 어떻게 해야 할까?

### 한국 직장인 600명에게 물었다

**내 실수를 만회하기 위해 상사의 도움을 받아야 한다면 어떻게 할 것인가?**

❶ 직접 이야기한다.
❷ 상사가 알게 될 때까지 보고하지 않고 노력을 해본다.
❸ 동료를 통해 대략 보고하고, 상사가 물어보면 자세한 사항을 얘기한다.

#### 1 : 1 설문조사 결과

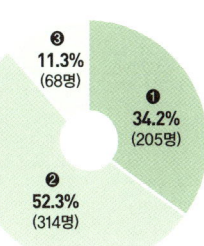

❸
11.3%
(68명)

❶
34.2%
(205명)

❷
52.3%
(314명)

35%의 직장인들이 상사와 직접 이야기한다고 응답했다. 절반 넘는 직장인들은 상사가 알 때까지 노력한다는 응답을 했다. 동료를 통해 대략 보고한다는 응답을 한 12%까지 합하면, 65%의 직장인이 상사에게 보고하는 것은 최대한 미룬다는 의견인 셈이다.

이외 기타 의견으로는 '이메일을 이용해 보고한다'는 의견이 13명 있었다. 얼굴을 맞대지 않고 의사소통할 수 있는 특성 때문에, 껄끄러운 면담이나 보고를 이메일로 대신하려는 경향을 볼 수 있다.

상사와 부하직원이 수평 관계가 아니라 수직 관계인 탓에 함께 지내면서 가까이 다가가기 어려운 심리적 장벽, 사고 방식의 장벽이 있다. 물론, 평소에는 상사의 지시를 받고 임무를 완성하기만 하면 그만이다. 하지만, 일이란 게 마음대로 되지 않을 때가 있다. 어처구니 없는 실수를 저지를 때도 있고, 해결이 어려운 상황에 빠질 때가 있기 마련이다. 이럴 때 대개는 상사에게 보고하고 도움을 청하는 것이 가장 좋은 해결책이다. 그러나, 부하직원이 상사에게 자신의 업무 상 실수를 만회해달라고 요청하는 건 말처럼 쉬운 일은 아니다.

### 무리하지 말라

대개 실수는 무리하는 데에서 나온다. 특히 자기 권한 밖의 일에 지나치게 큰 의욕을 갖거나, 능력 밖의 일을 스스로 처리하려는 데에서 실수가 생긴다. 상담 중 만난 직장인 중 최악의 상황에 빠진 사람들에게는 공통점이 있었다. 바로 무리했다는 것이다. **자신의 권한에서 벗어난 결정을 할 때, 직장생활에서 가장 큰 피해를 입는다.**

나와 상담할 때, 박 대리는 무척 당황스러워 하고 있었다. 직원 50명의 소규모 서비스 업체에서 마케팅을 맡고 있는 박 대리는 팀장에게 제대로 보고하지 않고 진행하는 업무가 한 가지 있었다. 전문업체에 의뢰하여 소비자 설문조사를 진행하고 있다. 팀장에게는 '1천만원 정도' 일 것이라고 구두 보고했는데, 정작 일을 맡긴 설문조사 업체에서는 1,500만원만원 이하로 진행이 어렵다고 한 것이다.

소비자 설문조사를 꼭 해보고 싶었던 박 대리는 1,500만원 예산으로는 팀장의 허락을 받아내기 어려울 듯 해서 무작정 진행하기로 결심했다. 팀장에게 설문조사를 시작하겠다는 보고만 하고 외주업체에 일을 맡겼다. 설문조사가 진행되고, 용역 비용을 지불할 기한이 다가오는데 팀장에게 실제 비용을 보고하기가 난감해서 고민하고 있었다.

상사에게 제대로 보고하지 않은 일을 진행하다가 혼자 고민하는 경우가 무척 많다. 사실 위 사례에서 보듯이, 대부분의 경우 자기 권한 이상으로 무리하게 되는 것은 의욕이 크기 때문이다. 사례에서 박 대리가 팀장에게 예산 규모를 미리 보고했다면 팀장은 '1,500만원이면 진행하지 말라' 고 지시할 수 있다. 이렇게 되면 진행을 하지 않으면 그만이다. 그런데, 이미 진행한 업무들을 포기하기가 아깝고, 끝까지 해보고 싶은 욕심에 보고를 누락하는 것이다.

백화점에서 일하는 나 대리 역시 마찬가지 경우로 볼 수 있다. 그는 어느 날 물류 센터로부터 항의를 받았다. 많이 팔릴 것으로 예상한 상품이 생각보다 덜 팔려서, 세일 기간이 끝났는데도 거의 고스란히 남은 것이다. 물류센터나 총무팀을 통해 곧 팀장에게 보고될 것이 분명하다. 팀장이 다른 부서에서 보고를 받기 전에 직접 보고해야겠다고 생각하고는 있지만, 차일피일 미루고 걱정만 하고 있었다.

보고를 누락하거나 늦추는 것은 무척 심각한 문제이다. 단지 상사를 화나게 하고 질책을 받게 되기 때문이 아니다. 위 두 사례처럼 상사에게 보고하지 않은 사항을 오래 묵혀두고 있는 것은 '저는 늘 잘 감시해야 할 인물입니다'라고 광고하는 것과 같다. **상사들은 대부분의 경우 생각보다 기억력이 좋지 않다. 성과에 대해서, 앞으로 진행해야 할 업무에 대해서 당신보다 잘 기억하지 못하는 것이 일반적이다. 하지만 한 가지, 보고를 누락하거나 사실과 다르게 보고한 것은 무척 오래도록 기억한다.** 상사들을 가장 불안하게 하는 것이 보고 누락이기 때문이다.

### 실수는 그때그때 해결하라

이런 경우, 당신은 '이미 문제가 커져서 어쩔 수 없다'고 생각할 것이다. 사실은 그렇지 않다. 당신이 그렇게 생각할 때가 문제의 끝이 아니라 시작이다. 그때부터 문제는 계속 커질 것이다. 팀장은 당신이 항상 제대로 보고하지 않는다는 생각을 하게 될 것이고, 이 생각이 당신의 직장생활을 무척 힘들게 할 것이다.

보고를 제대로 하지 않아 생긴 문제에 대한 보고를 다시 제대로 하지 않는 것은 자기 무덤을 파는 짓이다. **실수가 생겼다면, 팀장이 다른 사람을 통하거나 직접 자료를 살펴보고 알게 되기 전에 미리 보고하라. 이것은 당신이 직장생활을 하는 동안 반드시 지켜야 하는 수칙이다.**

### 꼭 얼굴을 맞댈 필요는 없다

상당히 많은 직장인들이 자신의 실수를 보고하는 것보다 상사를 직접 만나 보고하는 데에 부담을 느낀다. 얼굴을 맞대고 책임을 인정하고 질책당하는 것이 죽기보다 끔찍할 수 있다. 당신도 잘 생각해보라. 실수를 인정하는 게 껄끄러운가? 아니면 상사와 대면해서 질책 당할 일이 껄끄러운가?

만약 상사와 대면하는 것이 더 껄끄럽다면, 문서나 이메일로 보고하라. 문서로 보고하면, 말로 하는 것보다 좀더 시간을 들여 다듬을 수 있다. 그래서 문서로 보고하는 편이 진정성 면에서 좋은 점수를 받을 수 있다. 당신의 실수에 대해 사실을 빠뜨리지 않으면서도 간결하게 작성하라. 퇴근 시간 이후에 야근을 하면서 이메일 써서 발송하거나 휴일에 출근해서 보고서를 쓰는 것도 고려할 만하다.

문서를 통해 보고했더라도 얼굴을 맞대고 추궁 당하는 것은 면할 수 없을 것이다. 또, 심한 경우 징계를 받을 수도 있다. 하지만, 질책이나 징계는 현재의 일이고, 상사에게 요주의 인물로 낙인 찍히는 것은 당신의 미래에 영향을 미치는 일이다. '내일을 팔아 오늘을 살지 말라'라고 했다. 당연하지 않은가. 질책을 받을 일이 있다면 오늘 당장 보고하고 마무리지어라.

## 실수는 바로 보고하라.

- 의욕이 앞서서 권한 밖의 일을 무리하게 진행하고 있지 않은지, 늘 돌아보라.
- 보고하기 껄끄럽다는 이유로 보고를 미루고 있는 일이 있는지 살펴보라.
- 문제가 너무 커졌다고 생각할 때가 바로 문제가 시작되는 시점이다. 문제가 시작됐을 때 지체없이 보고하고 마무리지어라.

# 8

# 상사가 당신에게 개인적인 일을 시킬 때

## 한국 직장인 600명에게 물었다

**상사가 자주 당신에게 개인적인 일을 시킨다면 어떻게 할 것인가?**

① 완곡하게 거절한다.

② 지시대로 한다.

③ 앞에서는 대답하고 돌아서서는 하지 않으면 상사도 어쩔 수 없을 것이다.

④ 남에게 미룬다.

### 1:1 설문조사 결과

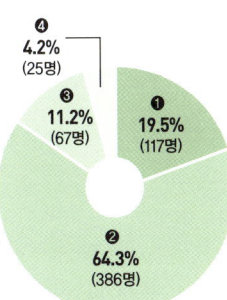

④
4.2%
(25명)

③
11.2%
(67명)

①
19.5%
(117명)

②
64.3%
(386명)

의외로 무척 많은 직장인들이 개인적인 일도 지시대로 처리한다는 답변을 했다. 완곡하게 거절한다는 의견이 20% 정도 나왔고, 하겠다고 하고 나서 무시한다는 의견도 10%를 넘었다. 4%의 직장인만이 남에게 피해를 끼칠지도 모르는, 남에게 미루는 방법을 선택했다.

'여러 차례 반복될 경우 바로 사직한다' 는, 조금 과격한 응답도 5명이 있었다.

직장에서 직원들은 상사 대하기가 어렵기 마련이다. 상사가 자신의 승진과 연봉 인상 여부를 좌우하기 때문이다. 상사가 지시를 내리면 직원들은 대부분 그대로 따르며, 그 지시가 불합리한 것이라고 해도 단호하게 거절하지 못한다. 그런데 상사가 바쁘다는 핑계로 자주 사적인 일을 해달라고 부탁한다면 어떻게 할까?

### **"네, 알겠습니다"**라고 외쳐라

회사에 갓 입사한 신입사원으로 업무를 배우는 단계에 있는 경우, 상사가 사적인 일을 부탁한다면 흔쾌히 지시대로 처리하라. 업무에 아직 익숙하지 못한 신입사원이 신임을 얻기 위한 가장 효과적인 방법이 바로 상사와 원만한 관계를 맺고, 업무에 필요한 전문 지식을 습득하는 것이기 때문이다. 상사와 친분을 유지해놓으면 나중에 업무상으로 조금만 성과를 내도 상사에게 쉽게 신임을 얻을 수 있다.

출신 학교가 같거나 고향이 같으면 상사는 더 편하게 자잘한 일들을 맡길 수 있을 것이다. 이때, 이런 상황도 기회로 이용할 줄 알아야 한다. 고위 경영진에게는 비서가 있거나, 비서 격인 직원이 있게 마련이다. 상사들이 공사 구분이 모호한 일을 시키는 대상은 주로 '비서' 이다. '비서' 는 상사로부터 지시가 떨어지면 너무 심한 요구가 아니라면 기꺼이 받아서 수행해야 한다.

이것은 오늘날 직장생활을 하는데 있어서 일종의 암묵적인 약속이다. 예를 들어 상사가 당신에게 상점에 가서 무언가를 사오라고 시키거나, 저녁 식사를 위해 레스토랑을 예약하라고 시킨다면 불평불만 없이 따라야 한다. 사적인 일에 최선을 다해야만 공적인 업무에 대한 공로를 얘기할 때에도 상사가 자신에게 불필요한 감정을 갖지 않도록 할 수 있다.

●　●　●

같은 학교를 졸업하고 같은 회사에 취직한 한씨와 윤씨. 학교 선배인 팀장은 이 두 사람이 입사할 때부터 선배임을 밝히고 친하게 지내려고 했다. 윤씨는 거래처와 저녁 식사 자리를 예약하고, 팀 회식 장소를 알아보고, 급한 우편물을 처리하는 등 팀장이 지시하는 자잘한 일들을 군말 없이 처리했다.

하지만, 한씨는 학연에 얽매여서 자기 업무 외의 일을 하기도 싫었고, 입사 후에도 다른 회사를 알아보고 있던 중이라 가능한 한 팀장이 지시하는 자잘한 업무를 맡지 않았다. 1년 후 팀장은 새로운 부서를 맡아 팀을 옮기게 됐다. 누구나 팀장이 윤씨를 데리고 옮길 것으로 생각했고, 실제로도 함께 새로운 팀으로 옮겨갔다. 한씨는 이 인사가 불만스러웠고, 나와 상담하면서 '불공평한 사회' 에 대해 울분을 털어놨다. 나는 이렇게 대답해줄 수밖에 없었다. '당신이 팀장이었다면 누구와 함께 옮겨갔겠는가? 그게 불공평한지는 잘 모르겠지만, 팀장 입장에선 당연한 선택 아닌가?'

● ● ●

회사 안에서 당신의 능력만으로 잡을 수 있는 기회는 많지 않다. 또, 기회를 만들기 위해 아등바등 하기보다는 제 발로 찾아온 기회를 잡는 것이 여러모로 나은 일이다. 어떤 업무든 상사에게 신임을 받는 것은 기회를 불러들이는 데 큰 도움이 된다. 자잘한 업무는 처리하기가 쉬워서 **자잘한 업무이다. 이런 작은 업무를 처리하고 신임을 얻을 수 있다면, 이건 귀찮은 일이라기보다는 기회라고 생각하는 게 옳다.**

### **"죄송합니다"**라고 말해도 된다

내가 상담 중에 만난 직장인 가운데 일부는 상사가 개인적인 일을 지시하는 것이 '정의롭지 못하다' 고 생각했다. 또, '직장 문화에 나쁜 영향을 미친다' 고 생각하는 직장인들도 있었다. 이 문제를 그렇게 크게 생각할 필요가 있을까? 만약, 상사가 지시한 개인적인 일이 무척 부담스러운 것이라서 회사 업무에도 중대한 영향을 주는 경우엔 상급 상사나 경영진에 보고할 필요도 있다. 하지만, 일반적으로 상사가 지시하는 개인적인 일이란, 담당자가 애매모호한 자잘한 일들이다.

사적이거나 자잘한 업무를 거절할 때에 생각해야 할 것은 그 업무를 지시한 상사의 신임을 얻을 필요가 있는가 하는 것이다. 냉정하게 생각해서, 이렇게 자잘한 일까지 대신하면서 상사의 신임을 얻을 필요가 없다고 판단했다면, 그때는 '죄송합니다' 라고 말해도 된다.

이때, 굳이 '이 지시는 너무 사적인 일이 아닌가요?' 라고 지적할 필요도 없고, 일단 하겠다고 하고 대충 얼버무려서도 안 된다. 'No' 라고 말을 꺼내기 힘들다는 이유로 앞에서는 하겠다고 하고 실제로는 하지 않는 행동은 절대 금물이다. 이런 행동은 상사에게 불신을 줄 뿐이다. 상사가 신뢰하지 못하는 당신에게 중요한 업무를 맡길 수 있겠는가? 다른 동료에게 미루는 것도 좋지 않다. 동료에게도 불만을 살 수 있다.

거절할 때에는 당신의 일정, 상황을 이유로 완곡하게 거절하는 것이 가장 좋다. '하기 싫다' 고 하지 말고, '못 하겠다' 고 말하는 것이다. 자잘한 일까지 대신하면서 신임을 얻을 생각이 없더라도, 굳이 나서서 껄끄러운 부하직원으로 낙인 찍힐 필요는 없지 않은가.

차이를 만드는 1%

### 상사가 개인적인 일을 부탁할 때

- 상사를 도울 기회라면, 기꺼이 '예' 라고 말하라
- 지나친 요구일 경우엔, '하기 싫다' 고 하지 말고 '못 하겠다' 고 말하라.
- 승락이든 거절이든 상사 앞에서 확실히 해라. 상사 앞에서는 하겠다고 하고 미루거나, 무시하는 일은 절대 없어야 한다.

둘

# 가장 적합한 동료와의 거리

입사 전까지는 얼굴도 알지 못했던 사람들과
하루 시간 대부분을 보내야 하는 것이 직장생활이다.
살아온 이력, 생각, 하는 일도 다른 사람들이 모여있다 보니, 문제가 없을 수가 없다.
너무 가깝지도 않고 멀지도 않게 동료들과 거리를 유지하는 것,
직장에서 마음 편히 지내고 성공하는 데 필수 항목이다.

# 9

# '내 일만 하겠다'는 동료와 일해야 할 때

한국 직장인 600명에게 물었다

**자기 업무 영역에 대한 집착이 강한 동료에게 어떻게 대처해야 하나?**

❶ 각자 자기 일만 하면 되므로 문제 될 것이 없다.

❷ 최대한 상대편에 맞춰주면서 어떻게 해서든 일을 완수한다.

❸ 일의 목표를 확실히 정하고, 상대방의 영역에 절대로 '침범하지' 않는다.

### 1:1 설문조사 결과

❸
**28.8%**
(173명)

❶
**21.3%**
(128명)

❷
**48.3%**
(290명)

문제 될 것이 없다고 생각한 직장인은 20%에 불과했다. 절반 정도의 직장인들이 상황이야 어찌됐거나 상대편에 맞춰서 성과를 내는 데에 신경을 쓰겠다고 답했다.

이 외 기타 답변으로는, '사직, 또는 전환 배치를 권고한다'는 의견이 3명 있었는데, 중간 관리자 이상의 답변이었다. 그리고, '상사에게 담당자를 바꿔달라고 요청한다'는 응답자가 6명이었다.

이전 시대의 기업의 핵심 키워드가 조직 관리였다면, 지금은 자유로운 부서 조합으로 최선의 성과를 내는 멀티 플레이 시대이다. 부서 구분을 넘어서 업무를 함께 진행하고, 다른 회사와 마치 같은 회사 내 다른 부서처럼 일하는 일도 있다. 워낙 다양한 조직에 속한 다양한 사람들과 일하기 때문에, 별의별 사람들을 다 만나게 된다. 이렇다 보니, 지금의 직장인들은 업무뿐 아니라, 의사소통 과정만으로도 부담을 느끼고 스트레스를 받는다.

## 업무에 **소극적일수록 업무 영역**을 나누려 한다

이전 직장에서 업무에 필요한 의사소통은 수직적인 지시와 보고면 충분했다. 하지만, 요즘의 회사에선 의사소통 구조가 거미줄처럼 복잡하다. 업무에 소극적인 사람들은 이 복잡한 거미줄 속에서 자기만의 영역을 만들어두어야 편할 것이라고 생각한다. 의사소통에서 오는 스트레스를 견디지 못하는 것이다. 이 사람들에게는 의사소통 자체가 부담이기 때문에, 전체 업무 진행과 관계 없이 '자기 일'만 하려는 경향이 있다.

**자기 업무 영역에 대해서는 자신의 의견을 끝까지 관철하려고 하고, 당신의 건의나 요청은 받아들이려 하지 않는다.** 업무 일정은 자기 업무 일정에 맞춰야 하고, 업무 추진 상황에 대해서 물어도 대답하지 않는다. 언뜻 보기에는 자기 업무에 대해 집중하는 것으로 보이지만, 자세히 들여다 보면 정해진 업무 외에는 상관하지 않겠다는 태도를 볼 수 있다.

일반적으로 자기 영역을 보호하려는 성향이 강한 사람들은 보수적인 사고 방식을 가지고 있으며, 주관적이다. 다른 사람이 자신의 일에 조금이라도 의견을 제시하는 것을 받아들이지 못하고, 독단적으로 일을 처리한다. 협의는 남의 간섭을 받는 것으로 생각하기 때문이다. 이런 사람들은 조직 내부에서 동료들과 서로 의사 소통이나 교류를 하지 않고 독립적으로 일해도 목표를 달성할 수 있다고 생각한다.

오늘날 많은 기업들이 비용을 들여가며 그룹 웨어를 제작해서 사용하는 것은, 그만큼 회사 내 효율적인 의사 소통이 중요하다고 생각하기 때문이다. 자기 영역에 대해 집착이 강한 동료는 이런 회사의 노력에 반대하고 있는 셈이다.


## 큰 기대를 버려라

당신의 의도를 정확히 읽어내서 기대한 정도의 성과를 일정에 맞춰서 내주는 동료가 있다면 얼마나 좋겠는가? 이런 동료를 원한다면, 당신은 사무실로 출근할 게 아니라 소원을 들어주는 램프의 요정을 찾아 출장을 가는 편이 나을 것이다. 특히, 함께 일하는 동료가 자기 업무 영역에 집착하는 사람이라면 더더욱 그렇다.

자기 일만 하겠다는 동료와 함께 일을 하려면, 무엇보다 먼저 큰 기대를 버릴 필요가 있다. 혼자서 처리하는 것보다 나눠서 여러 명이 함께 하는 것이 효율적이기 때문에 업무 협력이 필요하다. 하지만, 이 과정에서 의견이 일치하지 않거나, 서로 의도를 오해하거나, 업무 일정이 달라서 차질을 빚을 수 있다. 당신이 의욕을 가진 만큼 동료도 목표를 이루기 위해 최선을 다해준다면 무척 고마운 일이지만, 자기 업무 일정을 고집하는 동료에게 이런 일은 기대할 수 없다.

나와 상담한 직장인들 가운데, '동료가 열심히 하지 않아서…', 또는 '동료가 무능해서…' 스트레스를 받는다는 사람들이 정말 무수히 많았다. 상사나 경영진에 이 사실을 보고해서 인사 상 불이익을 주고 싶다고 말하는 사람들도 적지 않았다. 심한 경우엔 동료에 대해 그냥 화를 내는 정도가 아니라, 울분을 터뜨리는 사람들도 있다. 이런 사람들을 만날 때마다 나는, '무엇보다 먼저 기대 수준을 낮출 것'을 권한다.

처음 계획한대로 업무가 착착 진행되고, 함께 일하는 사람들이 각자 맡은 분야에서 최선을 다 하는 것은 멋진 일이다. 그러나, 이런 일이 늘 가능한 회사는, 단언하지만 없다. 모든 회사는 이런 업무 진행을 목표로 해서 발전해가는 과정에 있을 뿐이다. 영업, 관리, 마케팅 등 당신이 맡고 있는 책임 외에 또다른 책임은 회사의 업무 과정을 효율적으로 만들어가는 것이다. **동료에게 늘 최고의 성과를 기대하지 말고, 언젠가 최고의 성과를 낼 수 있도록 단계에 맞게 훈련해가고 있다고 생각하라.**

## 업무 목표와 권한을 확실하게 구분하라

전문적인 분업이 나날이 세분화되고 있는 오늘날, 복잡한 업무를 처리하는 가장 좋은 방법은 권한과 업무 목표를 확실하게 구분하는 것이다. 자기 영역에 대한 관념이 투철한 동료와 함께 어떤 일을 하게 되었다면, 우선 그 업무의 목표와 절차, 직무 권한 등을 뚜렷하게 설정해야 한다. 한마디로 '영역'을 확실하게 구분하여 상대의 영역에 '침범'하는 것을 미연에 방지하는 것이다.

**상대방이 자기 임무를 확실하게 파악할 수 있도록 해야 한다. 그러기 위해선, 긴 기획서로 설명하기보다는, 강경한 어조로 핵심 사항을 전달해야 한다.** 회사에서 거의 모든 업무는 '두 마리 토끼를 좇는' 일이다. 납기일을 맞추면서도 품질을 떨어뜨려서는 안 되고, 광고 효과를 충분히 올리면서도 광고비를 절감해야 하며, 매출을 늘리면서도 수익율이 낮아져서는 안 된다. 동료에게 이렇게 한꺼번에 해내기 어려운 목표를 모두 해내라고 요구하는 것은 의미가 없다.

예를 들어, '이 일은 지금 바로 시작해서 내일 끝내주시고, 품질 면에서도 최고 수준이어야 합니다'라고 요청했다고 가정하자. 자기 업무만 하려는 동료에게 이런 요청은 아무 의미가 없다. 당신이 어떤 어조로 말했든, 그 동료는 '잘 부탁드립니다'라는 말로 알아들었을 것이다. 동료는 당신이 요청한 일정이 아니라 자기 일정대로 업무를 처리할 것이고, 결과가 어떻게 나오든 업무 시간이 부족했다고 이유를 댈 수도 있다. 결국 일정도 맞추지 못하고 품질도 목표한 것만큼 좋지 않을 것이다.

두 가지 중 한 가지만 강조해야 한다. 이를 테면, '일정이 좀 늦더라도 품질이 좋아야 합니다' 라든지 반대로 '품질 면에서 좀 떨어지더라도 일정은 반드시 준수해야 합니다' 라고 못 박아 두어야 한다. 여기에 덧붙여서 이런 사항을 상사에게도 미리 얘기해둔다면 더욱 편해질 것이다. '○○○씨에게 이번 건은 제작 일정이 중요하다고 여러 차례 강조해뒀습니다' 라고 미리 보고하라.

## 대안을 생각해두라

팀원이나 프로젝트를 함께 진행하는 사람들 가운데 자기 업무 영역에 대한 집착이 너무 심한 사람이 있다면, 팀장이나 프로젝트를 이끄는 사람으로서 스트레스를 받을 수밖에 없다. 팀 안에서 업무 협조가 어려워지고, 그 사람을 특히 싫어하는 팀원이나 동료도 생길 것이다. 그러다 보면 당연히 팀웍이 흐트러진다. 책임자로서 곤란한 상황이 아닐 수 없다.

이런 경우, 많은 팀장들이 문제가 되는 팀원을 바꿔보려고 노력한다. 면담을 하기도 하고, 개인적인 자리를 마련해서 터놓고 얘기해보기도 한다. 그러나, 내 경험으로 보면, 이런 노력이 성과를 거두는 경우는 그리 많지 않다. 자기 일만 자기 방식대로 하겠다는 사람들을 바꾸는 것은 무척 어려운 일이다.

**문제가 되는 팀원이나 동료를 짧은 시간 안에 변화시키려는 노력을 하기보다는, 당장 업무가 원활하게 진행될 수 있도록 규칙을 정하는 것이 우선이다.** 문제가 되는 팀원, 동료의 업무 범위가 어디까지인지 명확히 규정해둬야 한다. 또, 추가 근무가 필요할 때 미리 알려두거나, 동료들 간에 업무 의뢰를 하거나 의사 소통을 할 때는 어떤 방식으로 할지 확실하게 정해줘야 한다.

당장 업무에 차질을 빚을 가능성을 줄였다면, 문제가 되는 팀원이나 동료의 업무를 대신 맡을 수 있는 사람을 미리 생각해두어야 한다. 팀 안에서 일할 때, 다른 부서와 함께 일할 때, 문제가 되는 팀원이라면, 업무에 차질을 빚거나 전환배치되거나 심지어 회사를 그만두게 될 수 있다. 이럴 때에도 업무를 원활히 진행해야 하는 것인 책임자의 몫이고, 그러려면 미리 대안을 생각해둬야 한다.

차이를
만드는
1%

자기 일만 하려는 동료와 함께 일하게 됐을 때

- 무엇보다 먼저 기대 수준을 낮춰라.
- 업무 요청을 명확하고 간결하게 해야 한다.
- 업무에 차질을 빚을 경우에 대비해서 대안을 생각해둬야 한다.

# 10

## 동료들을 통솔하기 어려울 때

### 한국 직장인 600명에게 물었다

**동료들을 통솔하기 어렵다면 어떻게 해야 하나?**

① 업무 목표를 낮춰 잡는다.
② 가장 통솔하기 힘든 동료를 개인적으로 만나 설득한다.
③ 진행 업무에 대해 공개 전체 회의를 갖고 의견을 듣는다
④ 내 능력이 부족한 탓이므로 업무를 다른 사람에게 넘긴다

#### 1 : 1 설문조사 결과

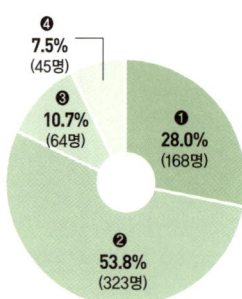

④
**7.5%**
(45명)

③
**10.7%**
(64명)

①
**28.0%**
(168명)

②
**53.8%**
(323명)

가장 많은 직장인들, 절반 이상의 직장인들이 개인적인 만남을 갖고 설득하는 방법을 택했다. 업무 목표를 낮춰 잡고 동료들과 타협하는 방안도 25% 이상 응답이 나왔다. 예상 외로 전체 회의를 갖겠다는 의견이 적었다. 업무를 다른 사람에게 넘긴다고 한 직장인도 10%가 채 안 됐는데, 맡은 업무는 완수해야겠다는 생각이 강한 것으로 보인다.

리더십은 중간 관리자만의 일이 아니다. 기업 환경의 변화가 급해짐에 따라, 일상 업무 외의 프로젝트들이 늘고 있다. 이에 따라, 팀장이나 본부장 등 중간 관리자가 아니라도, 프로젝트를 맡아 진행해야 하는 경우가 자주 생긴다. 이럴 때, 리더십을 발휘하는 것은 성공적인 직장생활을 위해 필수 중의 필수 요건이다.

관리 업무를 주로 맡는 중간 관리자가 부하직원을 통솔해서 일상 업무를 진행하기도 어려운데, 같은 동료들 가운데 한 명이 일상 업무도 아닌 일을 통솔해 가는 것은 말할 것도 없이 어려운 일이다. 이것저것 동료들의 사정을 들어주다 보면 프로젝트는 애초 목표와는 전혀 다른 방향으로 진행될 수 있다. 또, 동료들을 너무 조여대다 보면 여기저기서 파열음이 들리고, 결국 프로젝트 후엔 인간 관계가 완전히 틀어져버리는 일도 생긴다.

## 파열음의 원인을 찾아라

당신은 왜 동료들을 통솔하기 힘들다고 생각하는가? 동료들이 특이하게 자유분방한 사람들이라서? 아니면, 당신의 리더십이 형편 없어서? 물론 이런 경우도 있을 수 있다. 하지만, 대개의 경우 조직이 파열음을 내고 삐걱거리는 이유는 프로젝트와, 프로젝트를 둘러싼 상황에서 원인을 찾을 수 있다.

무엇보다 먼저 이 원인을 찾으려는 노력이 필요하다. 삐걱댄다고 해서 '○○○은 불평만 많아'라든지 '이런 사람들하고 일하는 건 불가능해'라고 결론을 짓는 것은 당신이 함께 일하고 있는 동료들과 당신에 대한 모욕이다. 먼저 문제의 원인을 찾아라.

우선 내적인 문제, 프로젝트의 목표, 타당성을 따져보라. 또, 통솔하고 있는 당신 스스로의 능력과 비전을 살펴보라. 이를 알아보기 위해 전체 회의를 가지는 것도 바람직하다. 하지만, 이 전체 회의에서 당신이 얻어야 할 것은 동료들의 의견이지 결론이 아니다. 프로젝트 내적인 상황에 대해 동료들의 의견을 듣고, 어떻게 할 것인지 결론은 당신 몫으로 남겨둬라. '경영진에 보고해서 결론을 짓겠다' 정도로 마무리하는 것이 좋다.

프로젝트가 삐걱거리는 데에는 외적인 원인이 있을 수 있다. 여러 가지가 있지만, 가장 흔한 예는 회사의 업무 환경, 인센티브 제도 등이다. 어려운 프로젝트를 진행히면서 다른 부서의 협조가 미비할 수도 있고, 인센티브가 명확하지 않을 수도 있다. 이런 문제가 있다면, 당신은 동료들에게서 당신의 권한에서 벗어난 요청들을 듣게 될 것이다. **다른 부서와 의사소통 등 업무 효율을 높이면 해결할 수 있는 것은 미리 조정하려는 노력을 보여라. 문제가 해결되든 그렇지 않든 당신의 노력은 당신이 동료들을 이끄는 데 큰 도움이 될 것이다.**

## 상사, 경영진과 **활발히 의사소통**하라

동료들이 프로젝트를 진행하는 데 있어 '업무량이 너무 많다', '프로젝트가 성공했을 경우, 인센티브가 불명확하다'는 등 당신의 권한을 벗어난 문제를 지적할 때, 당신은 가장 힘든 상황에 빠지게 된다. 당신도 어쩌지 못하는 문제로 인해서 업무에 차질을 빚는 것이 무척 답답할 것이다. 또, 회사 방침을 이해하지 못하는 동료들과 방침을 고수하려는 경영진 사이에 끼어서 스트레스를 받을 것이다.

이런 경우엔 **동료들이 아니라 경영진이나 상위 관리자와 의사 소통을 강화해야 한다.** 동료들의 요청에 따라 프로젝트의 목표를 처음보다 낮춰 잡거나, 일정을 늦추는 경우가 있다. 또, 동료들의 요청에 동감을 표시하는 경우도 있다. 프로젝트의 목표를 낮춰 잡거나 일정을 늦추는 것을 결정하는 것은 당신의 권한 밖의 일이고, 동료들의 요청에 일단 동감하는 것도 임시방편에 지나지 않는다.

고위 경영진이 중간 관리자나 프로젝트의 리더에게 권한을 위임하지 않거나, 고위 경영진이 결정한 전략이 자신이 속한 부서에 불리한 것이라면, 장기적으로는 리더로서의 지도력에 타격을 입고, 직원들의 근무 의욕을 크게 저하시킬 수 있다. 그러므로 이런 경우에는 직접 고위 경영진을 찾아가 대화를 통해 해결해야 한다.

고위 경영진을 상대로 자신에게 권한을 부여해주거나 자기 부서도 이득을 얻을 수 있는 전략을 채택할 것을 설득하는 것은 결코 쉬운 일이 아니다. 일반적으로 고위 경영진이 중간 관리자에게 권한을 위임하지 않는 것은 중간 관리자의 능력을 의심하는 경우보다는 그 관리자가 확실히 경영진의 의견에 동의하고 있는지 의심스러운 경우가 많다. 정확히 얘기하면, 당신이 어느 편이냐는 것이다.

이런 상황에서, **프로젝트의 진행과 동료들의 의견을 얘기하면서 동료들의 편을 드는 것은 어리석은 짓이다. 동료들의 시각에서 얘기하지 말고, 경영진의 시각에서 판단하고 대화해야 한다.** 우선, 문제가 되고 있는 동료들의 의견을 최대한 객관적으로 보고하라. 이때, '저희가 무척 힘들기 때문에…', '다른 부서의 업무 지원이 전혀 없어서…' 라는 식으로 탄원해서는 안 된다. 문제는 당신 부서의 회사 생활이 아니라, 목표를 달성할 수 있는지 여부이다.

책임을 맡아 동료들을 통솔해본 경험이 없는 사람일수록 동료들의 의견과 경영진의 의견을 중간에서 조정하려 드는 경향이 있다. 동료들은 '업무 진행을 위해 인력이 더 필요하다' 고 말하고, 경영진은 '추가 인력은 불가능하며, 지금 인원으로 성과를 내보라' 고 한다. 이런 경우에도, '어떻게든 인력을 더 충원해보겠다' 고 동료들에게 약속하거나, '추가 인력 없이는 목표 달성이 불가능하다' 고 경영진을 압박해서는 안 된다.

위와 같은 식으로 동료들과 경영진 사이에서 중재 역할을 맡게 되면, 무엇보다 먼저 당신이 지칠 수밖에 없다. 당신이 해야 할 일은 '인력을 충원하는 것이 가장 확실한 방법이다. 하지만, 이외의 다른 방법을 마련해보겠다.' 고 보고하는 것이다. 이렇게 해야 당신의 리더십을 경영진에 보여줄 수 있으며, 프로젝트에 필요한 것들을 지원 받는 데에도 더 수월하다.

경영진이 당신의 부서를 지원하지 않는다면 당신의 부서가 회사의 발전을 위해 어떤 역할을 하고 있는지를 설명해 경영진을 설득해야 한다. 이런 노력에도 불구하고 경영진의 결정이 자기 부서에 불리한 것이라면, 억지로 강요해서는 안 된다. 경영진은 회사 전체의 이익을 위해 그런 결정을 내렸을 것이기 때문이다. 결국, 동료들과 경영진의 의견이 심하게 달라 둘 가운데 하나를 선택해야 한다면, 경영진의 의견을 택하라.

## 노력으로 해결할 수 있는 일이 생각보다 많다

권한을 적절히 사용하는 것도 업무이다. 당신이 리더로서 충분한 경험을 쌓고, 이 업무에 익숙해지기 전까지 권한에 비해 책임이 큰 것은 당연하다. 경영진의 목표와 동료들의 요구 사항 사이, 권한과 책임 사이를 채우는 것이 당신의 노력이다. 업무를 맡겼는데, 이것저것 요구 사항을 전달하는 것으로 시간을 보내는 중간 관리자를 달가워할 경영진은, 단언하지만, 절대 없다. 리더로서 당신의 고민, 어려움은 당신이 성장해 나가는 데에 필수적인 성장통이다. 직장생활에서 성공하려는 사람이라면 피할 것이 아니고 반가워 해야 한다.

또, 경영진이 당신에게 요구한 것은 '어떤 일을 하라'는 것이 아니고, '책임을 지고 어떤 성과를 내라'는 것이다. 대개의 직장인들은 리더에 대해 고정 관념을 가지고 있다. 결제 서명란은 남들보다 오른쪽에 있고, 책상은 남들보다 뒤편에 있다. 동료나 부하직원들이 이것저것을 보고하면 이렇게 저렇게 처리할 것을 지시한다. 자잘한 일보다는 전략을 짜는 데 대부분의 시간을 보낸다.

이런 생각은 경영진이 리더인 당신에게 어떤 업무를 맡겼다고 오해하는 것이다. **리더로서의 업무는 정해진 것이 없다. 리더는 회사가 원하는 성과를 내는 것을 책임지는 위치다.** 책임을 다하는 데 필요하다면 하찮은 일, 큰 일 구분할 필요가 없다. 필요하다면 나서서 해결하라. 자신은 뒷짐을 지고 서서 동료나 부하직원이 제대로 움직여주지 않는다고 보고하거나 불평하는 것은 스스로 리더 자격이 없음을 광고하는 것이다. '리더가 이런 것까지…'나 '내가 이런 일을 하려고…' 식의 불평은 꾸역꾸역 삼켜라. 이런 업무들이 당신을 진정한 리더로 만든다.

차이를
만드는
1%

### 동료들을 통솔해야 하는 상황이 당신에겐 큰 기회가 된다

- 동료들과의 회의에서 모든 사항을 결정하려 하지 말라. 회의에서는 의견을 듣고, 결정은 당신이 내려야 한다.
- 동료와 경영진의 의견이 다를 때에는 경영진의 의견을 선택하라.
- 하찮은 일이라도 앞장서서 처리하라.

# 11

## 상사처럼 구는, 나이 많은 동료

### 한국 직장인 600명에게 물었다

**나이가 많음을 내세워 상사처럼 구는 동료에게 어떻게 대할 것인가?**

① 경력은 괜히 얻은 것이 아니다. 조언을 구하고 배운다.

② 나이는 능력과 관계가 없다. 다른 동료나 후배 사원에게 얘기하듯이 따끔하게 충고한다.

③ 상사에게 보고하여 적절한 조치를 취하도록 요청한다.

#### 1:1 설문조사 결과

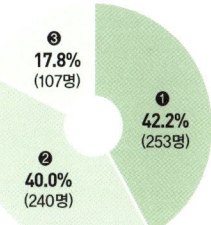

❸
**17.8%**
(107명)

❶
**42.2%**
(253명)

❷
**40.0%**
(240명)

일단 대다수의 직장인이 이런 동료와의 문제를 자신이 알아서 해결하려는 듯 하다. 상사에게 보고한다는 의견은 17%에 불과했다. 하지만, 조언을 구하고 배운다는 의견과 따끔하게 충고한다는 의견이 40% 정도로 비슷했다.

능력 위주의 인사를 외치는 회사들이 늘었다. 경력과 연차가 인사에 절대적인 영향을 미치던 이전과 달리, 능력대로 기용한다는 것이다. 그러다 보니, 나이가 많고 경력이 긴 동료나 부하직원을 이끌어야 하는 경우가 흔해졌다.

하지만, 나이나 경력은 여전히 위계를 유지하는 데에 큰 역할을 한다. 능력 위주, 연령 파괴를 외치지만, 중간 관리자들부터 자신보다 나이가 많은 부하직원을 꺼린다. 경력이 짧지만 능력이 있는 직원을 승진시키는 게 당연하다고 말하지만, 경력이 긴 직원을 무시할 수도 없다. 회사는 입사 연차와 나이를 인사에 반영하는 경향이 있고, 이것은 앞으로도 바뀌기 힘들다.

**대개 회사들의 생각은, '능력 위주로 평가하지만, 기왕이면 경력이 긴 쪽을 중용하는 게 자연스럽다'는 것이다. 이러다 보니 동료 간에 긴장이 생기고, 자칫 리더십이 흔들리는 경우도 있다.** 당신의 동료나 부하직원이 당신보다 나이가 많거나 경력이 길다면, 또 이 동료나 부하직원이 당신의 결정에 쉽게 수긍하지 않거나 심지어 상사처럼 군다면 문제가 아닐 수 없다.

## 존중이 상책이다

특히, 신입사원들이 가장 싫어하는 동료가 바로 나이와 경력을 내세워 사사건건 간섭하고 자기 마음대로 조종하려는 사람일 것이다. 그런 동료와 함께 일하면 자신의 능력을 제대로 발휘할 수 없다. 그런 동료가 있다면 그를 꺼리는 것은 당연하고, 심지어 그를 미워하는 마음이 생길 수도 있다. 그러나 그에게도 분명 믿는 구석이 있기 때문에 그렇게 행동하는 것임을 명심하자.

나이가 많은 동료는 대부분 그 조직에서 오래 몸담고 있었고 경력이 풍부하지만 승진하지 못한 사람일 것이다. 그렇기 때문에 **그 분야에서 풍부한 경험을 가지고 있을 것이며, 단지 리더십이 부족하거나 시야가 좁아 승진하지 못한 것일 뿐, 사실상 그 부서의 오피니언 리더일 수도 있다.**

신입사원이라면 그가 상사가 아니므로 자신에게 그 어떤 영향력도 행사할 수 없을 것이라고 착각할 수도 있고, 그와 대립하는 것을 쉽게 생각할 수 있다. 그런 행동은 상사에게 당신이 '조직 생활에 어울리지 않는' 사람이라는 이미지를 심어줄 수 있다. 이렇게 되면, 다른 동료들과도 원만한 관계를 유지할 수 없다.

모든 직장인이 가장 역점을 두어야 할 것은 조직에 융화되어 회사의 분위기와 환경에 적응하는 것이다. 그러므로 나이 많은 동료에게 정면으로 맞서지 말고 완곡한 방법으로 문제를 해결하는 것이 좋다. 우선 그의 의견에 반박하지 말고 존중하는 모습을 보여주어야 한다. 또한 그의 장점을 찾아내 본받고, 그의 경험을 배운다면 남들보다 훨씬 짧은 시간에 업무의 내용과 절차를 습득할 수 있을 것이다.

● ● ●

윤 팀장은 직원 100명 정도의 무역업체에 경력직으로 입사했다. 같은 팀에 소속된 나이 많은 팀원이 팀에서 무척 중요한 역할을 한다는 것을 발견했다고 한다. 이 팀원은 이 회사에 임시직으로 입사해서 햇수로 10년 넘게 일했다. 학력이 길지 않아서 승진은 쉽지 않아 보였지만, 업무와 관련된 문제, 팀 동료 간의 갈등을 조정하는 역할은 모두 그의 몫이었다. 윤 팀장은 우선 그 직원과 친해지는 데 노력했다.

이 직원에게 실제 팀 업무의 구체적인 부분을 전해들을 수 있었고, 다른 부서 사람들도 소개받을 수 있었다. 일을 하면서 저지를 수 있는 자잘한 실수나 업무 협조를 구하는 요령까지 전해 들었기 때문에 일하기가 무척 편해졌고, 어려운 일이 있을 때는 도움을 구할 수도 있어서 빠르게 회사에 적응할 수 있었다.

● ● ●

경력이 길고 나이가 많은데 직급이 낮은 사람들은 많은 경험을 가지고 있지만, 회사에서 인정받지 못하고 있는 데 대해 자존심이 상해 있을 것이다. 이들의 경험을 이용하고 싶다면 우선 그들의 자존심을 살려줄 필요가 있다. **당신이 그들을 존중하는 모습을 보여주면 그들은 당신에게 경험에서 얻은 지식을 줄 것이다.**

## **질문**하라

젊고 유능한 직원이 회사 경영진에게 신임을 받아 승진을 거듭하여 본격적으로 능력을 발휘하게 되었다. 이때 부하직원 중에 그보다 나이와 근무 연차가 높은 사람이 있어서, 젊은 상사의 지시에 따르지 않고 자신의 경험이나 예전에 거두었던 성과를 믿고 빈정거릴 수도 있다. 이런 부하직원이 있으면 아무리 능력 있는 사람이라도 순조롭게 일을 처리할 수 없다. 게다가 당신이 생각하는 혁신이 시작부터 삐걱거릴 수 있다.

새로 발령받은 부서에 이런 부하직원이 있다면, 그 앞에서 신중하게 행동해야 한다. 부서를 통솔하기가 버거운 상황을 반전시키려면 타인의 장점을 존중하는 자세를 가지고, 그의 과시욕을 이용하는 것이 좋다. 가장 좋은 방법은 그에게 자주 질문을 던지는 것이다. 질문을 해서, 그로 하여금 당신이 그의 능력을 인정하고 있다고 느끼도록 하라. 그의 경험을 이용해야만 부서 전체를 통솔하고 리더로서의 지위를 확고히 할 수 있다.

**질문하는 데에 노력이 필요한 것도 아니고, 시간이 오래 걸리는 것도 아니다. 또, 질문을 해서 의견을 들었다고 해도 그대로 결정할 필요도 없다.** 의견을 듣는 것만으로도 충분하다. 때로는 나이를 내세우는 부하직원도 필요할 때가 있다. 그런 사람들은 몇 가지 결점이나 실수 때문에 승진의 기회를 놓쳐버린 경우가 많으므로 가끔씩 그를 치켜세워주면, 그는 부서 전체를 통솔해 당신에게 협조할 것이다.

물론 그 부하직원이 고집이 대단해서 아무리 예의를 다해서 대해도 번번이 당신을 힘들게 한다면 최후의 수단을 동원해야 한다. 또, 당신이 생각하는 업무 혁신에 대해 비판적이라서 늘 문제가 생기는 경우에도 마찬가지 이다. 상사에게 보고해 그를 해고하거나 다른 부서로 옮겨달라고 요구하는 것이다. 그러나 이 방법은 정말로 불가피한 상황이 아니면 사용하지 않는 것이 좋다. 도리어 상사가 당신의 능력을 의심할 수 있기 때문이다.

부하직원의 전환 배치나 해고를 요청할 때는, 부하직원의 능력, 태도 가 아니라 당신이 이끌고 있는 부서의 목표를 중심으로 보고해야 한다. '이 직원은 태도가 좋지 않고…' 라든지 '제 지시에 따르지 않아서…' 라 고 보고하는 것은 당신의 능력에 대해 의심해달라고 요청하는 것과 같다. 당신은 당신의 부서를 이끌고 좀더 효율적으로 만들 의무가 있다. 이 의 무에 초점을 맞춰라.

아울러, 경력이 긴 직원은 인건비 면에서 다른 직원보다 회사에 부담 을 주고 있을 것이다. 이 점을 이용해야 한다. '저는 제 부서를 좀더 가볍 고 효율적인 부서로 만들고 싶습니다.' 라는 식으로 얘기를 시작하라. 그 래서 '저희 부서를 위해서나, ○○○씨를 위해서 ○○○씨는 다른 부서 에서 일하시는 편이 낫겠습니다.' 라고 결론을 지어야 한다.

---

**차이를 만드는 1%**

### 나이가 많거나 경력이 긴 동료, 팀원과 친해두라

- 업무나 회사 사정을 자세히 알려줄 것이다
- 문제가 생겼을 때 해결 방법을 알려줄 수 있다
- 오랜 경험에서 생긴 인적 네트워크를 활용할 수 있다

# 12

## '낙하산 인사'와 어떻게 지낼 것인가?

### 낙하산 인사와 어떻게 지낼 것인가?

❶ 다른 동료와 똑같이 대한다

❷ 잘못하면 화가 미칠 수 있으니 거리를 유지한다.

❸ 경영진과 연관이 있는 사람이므로 최대한 가깝게 지낸다.

#### 1 : 1 설문조사 결과

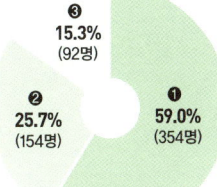

❸
15.3%
(92명)

❷
25.7%
(154명)

❶
59.0%
(354명)

대부분의 직장인이 낙하산 인사에 대해 다른 동료들과 똑같이 생각하거나, 거북하게 여겼다. 60% 정도의 직장인이 다른 동료들과 똑같이 대한다고 답했고, 거리를 유지한다는 의견도 26% 정도였다. 낙하산 인사와 최대한 가깝게 지낸다는 의견은 15%에 불과했다.

사장의 친척이나 개인적으로 친분이 있는 사람이 '낙하산'을 타고 당신의 부서로 올 수 있다. 이런 경우 직원들은 그와 매우 조심스럽게 대화하고 교류하는 것이 보통이다. 자칫 잘못하면 자신의 실수가 고위 경영진의 귀에 직접 들어갈 수 있기 때문이다. 한 사무실에 이런 '낙하산 인사'가 있다면, 어떻게 함께 일해야 할까? 그와 사이가 좋지 않으면 당신의 앞날에 먹구름이 드리우는 것일까?

### 멀리 하지도, 가까이 하지도 말라

고위 경영진과 혈연 관계나 특별한 관계가 있는 동료는 양날의 칼과 같다. 동료들 눈에 띄도록 가깝게 지내려고 노력하는 것도 문제지만, 너무 멀리 하거나 꺼려 하는 것도 큰 문제이다. 가깝게 지내려고 눈에 띄게 노력하는 것은 다른 동료들에게 당신을 따돌려달라고 광고하는 것과 같다. 하지만, 그렇다고 일부러 쌀쌀맞게 대한다면, 업무 진행에 문제가 있다.

우선, 낙하산 인사가 부당하다는 생각부터 없애라. 능력 위주의 사회이긴 하지만, 회사를 어떻게 운영하고 경영권을 누구에게 넘길지는 고위 경영진이 판단할 문제이다. 또, 낙하산 인사는 회사가 있는 곳이라면 어디든 생길 수 있는 일이고, 실제로도 무척 자주 있는 일이다. 처음부터 남들보다 높은 위치에 발령을 받는 경우가 많고, 승진 속도 역시 당연히 빠르다.

특별한 것도 아닌데, 이런 일이 있을 때마다 불만을 갖거나 신경을 쓰는 것은 당신 스스로를 위해서 좋지 않다. 낙하산 인사의 능력이 모자랄 수도 있고, 그래서 당신이 업무를 보는 데 지장을 초래할 수도 있다. 회사란 원래 그런 조직이다. 공정할 필요가 없는 경우가 있다. 그야말로 '그러려니' 해야지, 이것이 공정하지 않다든지, 회사에 좋지 않은 영향을 미칠 것이라는 생각은 쓸 데가 없다.

## 모른 척 하라

어느 대기업 기획실에 다른 계열사 사장의 아들이 입사했다. 이 기획실에 근무하던 송 과장은 깜짝 놀랐다. '낙하산 인사'가 대학 동아리 후배였던 것이다. 송 과장은 이 후배의 회사 생활 적응을 도울 겸 많은 얘기를 나누고 친하게 지냈다. 대개 대화는 다른 계열사 사장인 후배의 아버지에 관한 이야기였다. "이번 신규 사업은 아버님께서 맡게 되셨다면서?", "해외 출장 중이시라던데, 잘 지내시지?"

그러던 어느 날, 후배가 개인적인 자리에서 정색을 하고 송 과장에게 말했다. 송 과장이 자신의 아버지에 대해서 말하는 것이 부담스럽다는 것이었다. 특히, 같은 팀 동료 앞에서는 그 얘기는 하지 말아달라고 했다. 송 과장은 나름대로 친하게 지내기 위해서 한 일이 후배에게 부담을 주었다는 생각에 당황스러웠다. 그 일이 있은 후부터 후배와 송 과장은 이전과 달리 서먹서먹해졌다.

● ● ●

인맥이나 혈연으로 회사에 들어온 낙하산 인사들 역시 행동하기에 편하지 않다. 남들의 시선도 의식해야 하고, 성과에도 신경을 써야 한다. 정상적이지 않은 방법으로 입사한 사람으로 보이는 데다가, 자기 업무를 찾지 못하면 낙하산 인사들에게도 무척 괴로운 회사 생활이 될 것이다. 이 낙하산 인사들과 친하더라도, 또 친하게 지내고 싶다면, 모른 척 할 것은 모른 척 할 줄 알아야 한다.

동료로서 회사 생활에 적응할 수 있도록 이것저것 도와주는 것은 좋은 일이다. **하지만, 이 특별한 동료가 껄끄러워 할 이야기, 이 동료와 관계가 있는 고위 경영진에 대한 얘기는 하지 말라.** 특히 팀 동료들 앞에서라면 말할 필요가 없다.

또, 상대방이 친화력이 좋다고 해도 그를 다른 동료들과 똑같이 허물 없이 대해서는 안 되며, 일정한 거리를 두고 언행에 신중을 기해야 한다. 농담을 하더라도 사장이나 회사에 대한 불만을 함부로 털어놓는다거나 불평불만을 서슴없이 쏟아내서도 안 된다. 특히 이직을 고려하고 있다면 그 동료에게 이 사실을 알려서는 안 된다.

그와 마음이 잘 맞아 무슨 말을 해도 그가 당신을 곤경에 빠뜨리는 일이 없을 것이라고 생각할 수도 있지만, '열 길 물 속은 알아도, 한 길 사람 속은 모른다'는 옛말을 명심해야 한다. 고위 경영진과 가까운 사이라면 일부러 말하지 않는다고 해도 사석에서 이야기를 나누다가 자신도 모르게 불쑥 말해버릴 수도 있지 않은가. 회사에 대한 이야기를 하다 보면 친한 동료에 대해 자연스럽게 이야기할 가능성이 크다.

이런 불필요한 마찰과 피해를 방지하기 위해 적당한 거리를 두는 것도 좋지만, 더 좋은 것은 언행을 항상 신중하게 하며 최대한 접촉할 기회를 늘리는 것이다. 여러 가지 걱정 때문에 그를 멀리 한다면, 당신의 능력을 보여주어 승진하고 연봉을 올릴 수 있는 기회도 좀더 멀어질 것이다.

## 자기 홍보의 기회로 삼으라

우선 적극적으로 친분을 쌓은 후에 장기적으로 관계를 유지하면서 자신의 일 처리 능력을 보여주거나, 회사의 발전을 위한 제안 등을 적절히 내놓는다면, 그로 인해 발전의 기회를 잡을 수 있다. 물론 이럴 때 겸손한 태도를 유지해야 하지만, 그렇다고 해서 그의 의견에 무조건 찬성해 줏대 없는 사람이라는 인식을 심어주어서도 안 된다. 하루 이틀에 이루어질 수 있는 것이 아니므로, 당신의 능력을 서서히 보여줘라. 당장에는 고위 경영진에게 신임을 얻을 수 없다고 해도, 분명히 좋은 인상을 심어줄 수 있을 것이다.

성공적인 직장 생활에서 동료들의 도움이 꼭 필요하다. 업무를 돕거나 문제를 함께 처리해주는 것뿐만 아니라, 당신에게 그저 좋은 평가를 해주는 것만으로도 당신에게 큰 도움이 된다. 자기 편이 없는 직장인은 뭘 해도 쉽지 않고 힘이 드는 반면, 자기 편이 많은 직장인은 직장 생활에서 실패하기가 힘들다. 작은 일이 계기가 돼서 당신의 경력이 크게 바뀔지 모른다. 고위 경영진과 친분을 가지고 있는 동료가 당신에 대해 좋은 평가를 가지고 있는 것이 당신에게 큰 도움이 될 수 있다.

차이를
만드는
1%

## 낙하산 인사를 대할 때 유의해야 할 것들

● 낙하산 인사와 친분이 있는 경영진에 대한 얘기는 가능하면 꺼내지 말라
● 일정한 거리를 두고 언행에 신중을 기하라

# 13

# 동료들이 은근히 따돌릴 때

## 한국 직장인 600명에게 물었다

**동료들이 은근히 당신을 따돌리는 듯 하다. 어떻게 할 것인가?**

① 내 길을 간다. 누가 뭐라든…. 신경 쓰지 않는다.

② 개인적인 자리를 마련해서 친해지려고 노력한다.

③ 같이 일하는 사람을 따돌리는 동료들과는 일할 수 없다. 전환배치를 요청한다.

### 1 : 1 설문조사 결과

**③**
**29.8%**
**(179명)**

**①**
**20.0%**
**(120명)**

**②**
**50.0%**
**(300명)**

동료들이 따돌리는 것을 신경쓰지 않고 견디겠다는 의견은 20% 정도에 불과했다. 직장인의 절반 정도가 개인적인 자리를 마련해서 친해지겠다고 했고, 30%는 전환배치를 요청한다고 대답했다. 대부분의 직장인이 동료들의 따돌림에 대해 심각하게 생각하고 있다는 것을 알 수 있다.

기타 의견으로, '상사에게 보고한다' 는 의견이 1명 있었다.

직장생활 가운데 동료들과의 관계도 많은 부분을 차지한다. 그런데 워낙 다양한 사람들이 함께 일을 하다 보니 의견 대립이 생긴다. 몇몇 사람들과 서먹서먹한 것은 어쩔 수 없는 일이지만, 이 서먹서먹함이 커져서 집단적인 따돌림을 당하게 될 수도 있다. 또 경쟁을 위해 의도적으로 당신을 배척할 수도 있다.

## 맞서지 말라

동료들에게 따돌림을 당하고 있다면, 우선 당신이 처한 상황을 정확하게 파악해야 한다. 동료들과의 대화를 통해 정말로 모든 사람이 당신을 따돌리고 있는 것인지, 아니면, 평소에 당신과 뜻이 맞지 않던 동료만이 따돌리고 있는 것인지, 당신이 괜한 걱정을 하고 있는 것인지 알아야 한다.

상황이 당신이 생각했던 것만큼 나쁘지 않을 수도 있으니 너무 성급하게 불만을 토로해서는 안 된다. 동료들에게 따돌림을 당하고 있는 것이 확실하다면 상대에 따라 각기 다른 전략을 사용해 곤란을 극복해야 한다. 상대가 평소 업무에서 당신과 큰 관계가 없는 사람이라면 큰 문제가 안 된다. 그런 경우 그가 떠벌이는 유언비어나 악감정을 가진 행동에 대해 신경 쓰지 않고 의연한 태도를 보이면 된다. 어차피 일하는 분야가 다르므로 그와 마주칠 일도 많지 않기 때문이다.

당신과 늘 함께 일하는 동료들도 마찬가지이다. 함께 일한다고는 하지만, 당신과 모든 분야에서 함께 일하는 것은 아닐 것이다. 분야별로 껄끄러운 동료를 떠올려보라. 그리고, 그 동료들의 숫자가 어느 정도나 되는지 따져보라. 일단 상황을 외면하지 않고 들여다보는 것만으로도 업무 면에서나 감정적으로 도움이 될 것이다.

내 상담 경험에 의하면, **직장에서 동료들이 따돌리는 것은 업무 능력이나 성과 때문이 아닌 경우가 많다. 말투나 습관처럼 사소한 것에서 오해가 쌓이고, 그러다 보니 점점 고립돼가는 것이다.** 당신 스스로 돌아보는 것은 결코 쉬운 일이 아닐 것이다. 하지만, 작은 습관을 고쳐서 직장생활이 좀더 원활해질 수 있다면, 자신을 돌아보고 바꾸는 편이 백 번 옳다. 동료들에게 의연한 모습을 보이면서 자신에 대해 그들이 어떻게 생각하고 있는지, 왜 매끄러운 동료 관계가 어려운지 살펴보라.

## 오해를 풀자

한 회사의 영업부 부장과 생산부 부장의 사이에 불화가 생겨, 사사건건 대립하고 다툰다면 제품을 생산해도 제대로 판매되지 못해 재고가 쌓이는 결과를 낳고, 두 사람의 충돌이 회사에 크나큰 손실을 입힐 수 있다.

억울한 일을 당했다면 대립하기보다는 오해를 풀기 위해 노력하는 편이 회사에 훨씬 도움이 된다. 의견 대립이 사적인 원한으로 발전해서는 안 된다. 물론 무조건 참는 것도 능사는 아니다. 무조건 참는 것은 스스로 능력을 사장시켜 아무도 거들떠보지 않는 무능한 직원으로 전락할 뿐이다. 가장 좋은 방법은 역시 화해이다. 화해해야만 당신과 상대방 모두에게 바람직하다.

우선 당신에게 잘못이 있는지 반성해야 한다. 먼저 상대에게 잘못을 저지르지 않았는지 돌아보아야 한다. 상대가 그 원인을 알려주지 않는다면 다른 동료에게 부탁해도 된다. 그 다음으로, 너그러운 마음을 가져야 한다. 상대방의 비난과 험담을 너그럽게 용서하자. 관용으로 대해야만 모든 상황을 받아들일 수 있다. 이 세상은 워낙 다양한 사람들이 사는 곳이라 세상 모든 사람이 당신을 좋아할 수는 없으며, 당신을 귀찮게 하고 괴롭히는 사람이 반드시 있게 마련다. 너무 예민하게 받아들이지 않는 것이 여러모로 좋다.

상황을 파악하고, 너그럽게 용서했다면, 이제 화해를 구하는 것이 남아있다. 원만하고 둥글게 행동하는 것이 자신과 회사에게 모두 도움이 된다. 상대가 자신을 따돌리는 원인을 알고 상대방을 이해해야만 화해를 청할 수 있다. 화해하는 과정에서 자신과 다른 생각을 받아들이고, 공통점을 도출해 공감대를 형성한다면 문제 해결에 도움이 될 것이다.

서로의 의견에서 공통점을 도출하자면, 대화가 최선이다. 회식 자리나 업무 이외의 일상적인 대화를 하는 자리 등에서 두 사람의 공통 관심사를 화제로 삼아 의사소통의 물꼬를 트는 것도 괜찮다. 몸을 낮추고 겸손한 태도로 **업무에 있어서 상대방에게 조언을 구해 상대로 하여금 우월감을**

느끼게 하는 것도 도움이 된다.

## 당신은 **당신의 문제만 해결**할 수 있다

예의 바른 태도로 여러 가지 방법으로 오해를 풀기 위해 노력한 후에도 상대가 화해하지 않으려고 한다면 이제 칼자루는 당신이 아니라 상대가 쥔 것이다. 손바닥이 마주치지 않으니 이런 상황이 지속될 수밖에 없다.

인간 관계란 때로는 이성으로 이해하기 힘든 구석이 있다. 최대한 신중을 기하고, 그렇게 해서도 따돌림을 당한다면, 의연한 마음으로 넘기는 것이 좋다. 인간 관계에서 분명한 것은 당신은 당신의 문제만 해결할 수 있다는 것이다. 남들을 바꿔서 당신을 달리 생각하도록 하는 것은 당신의 일이 아니고, 당신이 할 수 있는 일도 아니다.

나와 상담한 직장인들 가운데 가장 심한 스트레스를 받는 사람들은 공통점을 가지고 있다. 자신이 할 수 없는 일을 하려고 한다는 것이다. 이는 동료나 상사와의 관계는 물론, 업무 처리 방식, 회사의 비전과 같은 데 대해서도 마찬가지이다. 마음에 들지 않는 동료, 상사를 어떻게 할 수가 없고, 비효율적인 업무 방식을 뜯어고치고 싶은데 회사는 따라주지 않는다. 이 회사는 이렇게 발전해가야 하는데 사람들은 무슨 생각을 하는지 변화를 생각하지 않는다.

이런 직장인들에게 나는 솔직히 일러주곤 한다. 속시원한 해결책을 주지 못해 미안하다고 미리 말하고, 직장 생활이란 늘 어느 정도 견뎌내야 하는 일이라고 말한다. 동료들이 당신을 따돌린다고 느낄 때에도 마찬가지이다. 여러 가지 방법을 써봐도 안 되는 경우가 있다. 그렇다고, 당신이 당신 아닌 다른 사람이 될 순 없지 않은가.

상황을 파악했고 노력했는데 변하지 않을 경우, 또 동료들과의 관계 개선을 위해 노력하는 게 영 내키지 않을 경우엔 상황을 피하는 방법 밖엔 없다. 회사에 전환 배치를 요구하거나 이직을 고려해야 한다. 대단히 단순한 원리인데도 이대로 대처하는 사람을 찾기가 힘들다. 자신의 힘으로 남들을 바꾸려는 사람이 많기 때문이다. 애석하게도 사람을 바꾸는 것은 거의 불가능한 일인데 말이다.

차이를
만드는
1%

### 동료와 관계가 껄끄러워진 몇 가지 실제 사례

- 회식 등 팀 모임에 자주 빠지는 경우
- 업무 협조를 요청할 때, 업무 관련 사항만 지나치게 간단히 적어 이메일로 보내거나 사무적인 말투로 말하는 경우
- 지각이나 휴가가 잦아서 업무에 적극적이지 않은 것으로 보이는 경우
- 상사나 경영진과 사적으로 친밀하다는 것을 과시하는 경우

# 14

## 동료의 부탁을 거절하고 싶을 때

### 한국 직장인 600명에게 물었다

**일정이 촉박한 업무를 도와달라는 동료의 부탁을 거절하고 싶다.**
**어떻게 거절할 것인가?**

❶ 다른 사람을 추천한다.

❷ 얘기를 꺼내기도 전에 도와줄 수 없다고 말한다.

❸ 나중에 도와주겠다고 미룬다.

❹ 얘기를 다 듣고 나서 단호하게 말한다.

### 1 : 1 설문조사 결과

❹
**20.5%**
(123명)

❶
**21.3%**
(128명)

❸
**29.0%**
(174명)

❷
**29.0%**
(174명)

직장인들의 의견이 갈리는 설문 문항이었다. 네 가지 예시 답안 모두 20% 이상의 응답이 나왔다. 다른 사람을 추천하거나, 단호히 거절하거나, 미루는 등, 동료의 요청을 거절하는 방법이 무척 다양하다는 것을 알 수 있다.

기타 의견으로, '동료의 업무량을 덜어줄 인력을 추가 요청한다' 는 응답자가 1명 있었다.

직장생활을 하다 보면 동료로부터 곤란한 일을 부탁 받는 경우가 종종 있다. 일거리가 많은 동료가 급히 부탁을 할 때 거절하기가 쉽지 않다. 당신이 맡은 업무도 만만찮다면 물론 도와줄 수가 없다. 그리고, 당신이 딱히 업무로 바쁘지 않더라도, 당신의 일정은 존중돼야 한다. 퇴근 후 약속이 있거나, 피곤할 때 동료의 부탁은 여간 부담스러운 것이 아니다. 또, 심각한 경우, 동료의 부탁이 회사 규정에 어긋나는 것일 수도 있다.

이런 경우, 동료의 부탁을 거절해야 한다. 가끔 부탁을 거절하지 못해 스트레스를 받는 직장인들이 있다. 동료를 돕는 것은 바람직하다. 하지만, 스트레스를 받아가면서까지 남을 돕는 것은 이미 돕는 것이 아니다. 게다가 이런 일이 거듭 되면 상대가 당신을 오해할 수 있다. 당신이 자신보다 업무가 적다고 생각할 수 있고, 도와주는 게 당연하다고 여길 수 있다. 거절하고 싶을 때는 거절해야 한다.

## 충분히 들은 후 'NO' 라고 말한다

거절 당하는 것을 좋아하는 사람은 없다. 그러므로 거절할 때에는 너무 성급하고 직접적으로 의사를 표현하면 상대와 관계가 소원해지고 이기적이라는 비난을 들을 수 있다. 거절로 인한 부작용을 줄이려면 우선 상대의 요청에 귀를 기울이는 성의를 보인 후에 거절해야 한다. 상담을 하다 보면, 직장인들 중 거절에 대해 오해를 하는 사람들이 있다. 어차피 거절할 걸 상대의 말을 다 듣고 있는 건 의미가 없다는 생각이다. 또, 부탁의 말을 다 들어주는 게 바쁜 상대의 시간을 뺏는 것으로 느끼는 경우도 있다.

**사람들은 누구나 자기 얘기를 들어주는 사람이 들어주지 않는 사람보다 자신과 친하다고 생각한다. 또, 급한 부탁을 하는 사람일수록 상대방이 자신의 부탁을 진지하게 들어주길 바란다.** 동료가 자신에게 어떤 부탁을 한다면, 대부분 불가피한 상황에서 다급하게 도움을 청했을 가능성이 크다. 그러면 그 자신도 거절당할 수 있음을 걱정하면서 어렵게 말을 꺼냈을 것이다. 거절하기 전에 일단 동료의 말에 귀를 기울여, 동료가 그 일의 전후 관계와 현재 처한 상황을 충분히 설명할 시간을 주어야 한다. 그래야만 당신이 어떻게 도와줄 수 있을지 판단할 수 있다. 당신이 그 일에 관심을 가지고 있음을 보여주면 상대는 그것만으로도 고마움을 느낄 것이다.

이렇게 상대로 하여금 존중 받고 있다는 기분이 들게 하는 것이 중요하다. 상대가 모든 이야기를 하고 난 후에는 '도와주고 싶지만, 나도 이미 상사로부터 지시 받은 것이 있어서 도와줄 시간이 없군. 정말 미안해.' 라는 등의 말로 완곡하게 거절의 뜻을 밝혀도 좋다. 그렇게 해야 상대방도 상처를 덜 받을 것이고, 또 어쩌면 상대방이 문제를 해결할 수 있는 묘안을 제시해줄 수도 있다. 해결 방법을 제시해주면 상대는 분명 당신에게 고마워할 것이며, 설령 그 방법으로 문제를 해결하지 못한다 해도 동료는 분명 당신의 성의에 고마워할 것이다.

**더 중요한 것은 당신이 그 동료와의 평소 관계 때문에 거절하는 게 아니라는 걸 알리는 것이다.** 부탁이 다 끝나기 전에 거절하면, 그 동료는 당신이 자신을 동료로서 중요하게 생각하지 않는다고 오해할 수 있다. 물론, 이 생각이 오해가 아니고, 당신이 실제로 그 동료를 중요하게 생각하지 않는다고 해도, 일단 부탁은 끝까지 들어야 한다.

## 완곡하게 표현하라

귀 기울여 들어줄 경우 얻을 수 있는 또 다른 효과는 상대로 하여금 거절이 완곡하고 부드럽게 느껴지도록 한다는 것이다. 그러나 부드러움과 동시에 재고의 여지가 없는 단호함을 보여주어 상대방에게 그 결정이 확고하다는 것을 알려야 한다. 그렇게 해야만 상대방의 자존심을 해치지 않으면서도 거절의 효과를 거둘 수 있다. 쓴 약은 겉에 달콤한 당의정을 입혀 쉽게 먹을 수 있도록 하는 것처럼, 거절을 하더라도 완곡하게 표현해야 상대방이 더 쉽게 받아들일 수 있다.

예를 들어 상대의 요구가 회사나 부서의 규정에 어긋나는 것일 경우, 완곡하게 자신의 업무 권한을 설명해, 부탁을 들어줄 경우 회사의 규정을 위반하게 되는 등 자신에게도 고충이 있음을 알린다. 도와주고 싶지만 도와줄 수 없는 난처한 입장에 있으며, 또 도와줄 경우 자신의 업무에 차질이 생겨 회사와 자신에게 좋지 않은 결과를 낳을 수 있음을 암시한다.

회사 규정에 어긋나는 요청에 대해 완곡하게 말한다고 해서, 거절의 뜻을 명확하게 하지 말라는 것은 아니다. 이를 테면, 회사 규정에 어긋나는 요구에 '다음엔 도와드리겠습니다' 라든지, '생각해보고 결정하겠습니다' 라는 식으로 대답하는 것은 좋지 않다. 미루거나 얼버무리는 것은 완곡하게 얘기하는 것과 다르다. '아시겠지만, 그건 회사 규정에 어긋나는 일이라 곤란합니다' 가 완곡한 표현이다.

## 배려 속의 거절

동료가 시도 때도 없이 이런저런 부탁을 하다 보니, 거절이 일상적인 일이 될 수도 있다. 그럴 때에는 어느 정도 시간을 두고 상대방의 상황에 적극적으로 관심을 가져 상대로 하여금 자신의 고충을 직접 이해하도록 만드는 것이 좋다. 그렇게 하면 난감하게 거절해야 할 상황을 피하고, 또 앞으로의 관계를 해치지 않을 것이다.

거절에는 기술도 필요하지만 진심과 배려 또한 빠져서는 안 된다. **그저 코 앞의 상황만을 모면하려고 하면 상대방도 당신이 겉과 속이 다르다는 것을 금세 눈치 챌 것이다.** 요건대 중요한 것은 누군가 들어줄 수 없는 무리한 요구나 부탁을 한다면 확실하게 거절의 뜻을 밝혀야 하며, '지금은 잘 모르겠는데, 나중에 얘기하지' 혹은 '그건 내가 결정할 수 없는 일이야. 상사에게 물어볼게' 라며 상황을 모면해서는 안 된다. 그런 행동은 당신의 나약함만 드러나게 할 뿐이다. 거절해야 할 때에는 과감하게 거절하되, 거절로 인해 나타날 수 있는 부작용을 최소화하고, 상대의 자존심을 해치지 않는 것이 가장 좋다. 상대의 사정을 충분히 알아본 후 "NO"라고 말한다면 상대방도 당신의 고충을 이해할 것이다.

차이를
만드는
1%

## 동료의 부탁을 거절하려고 할 때에는...

- 동료가 어떤 상황에 처해있고 어떤 부탁을 하는 것인지 충분히 얘기하도록 관심을 가지고 들어줘라.
- 나중으로 미루거나, 핑계를 대서 일단 모면하려고 하지 말라
- 거절의 뜻을 명확하게 말해라.

셋

# 기회 혹은 위기

위기와 기회는 종이 한 장 차이이다.

'위기가 기회'라고들 하지만, 모든 위기가 기회인 건 아니다.

그러나, 기회를 잡았다고 생각하는 순간, 또 위기라고 느끼는 순간,

이제까지의 당신을 새롭게 평가하고 방향을 바꿔야 한다.

# 15

## 당신을 신임하던 상사가 함께 이직하자고 할 때

**당신을 신임하던 상사가 이직하며 함께 가길 제안했다. 어떻게 할 것인가?**

❶ 마음에 맞는 상사는 드물다. 함께 이직할 것을 적극 검토한다.

❷ 상사의 이직은 승진의 기회다. 절대 이직하지 않는다.

❸ 회사 일과 개인적인 친분은 별개의 문제다. 다른 스카우트 제안과 똑같이 검토한다.

1 : 1 설문조사 결과

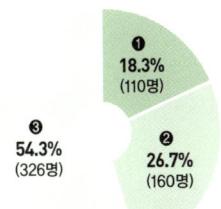

❶
18.3%
(110명)

❸
54.3%
(326명)

❷
26.7%
(160명)

절반 이상의 직장인들이 다른 스카우트 제안과 똑같이 검토하겠다고 답했다. 마음에 맞는 상사보다는 옮겨가는 회사의 전망, 조건 등을 더욱 중요하게 생각한 결과로 보인다. 상사의 이직을 승진의 기회로 본 답변이 함께 이직한다는 답변보다 많았다.

기타 의견으로는 '계속 함께 일할 수 있게 붙잡아 본다'는 응답자가 4명 있었다.

이직은 무척 중요한 전환점이다. 친한 사람이 함께 가자고 해서 덜컥 내릴 수 있는 결정이 아니다. 하지만, 서로 믿고 일할 수 있는 상사는 친한 사람 이상의 의미가 있다. 회사에서 상사란 함께 일하는 사람들 중에서도 가장 중요한 동료이며, 업무 환경을 이루는 가장 중요한 요소이다. 또, 당신의 업무 성과를 직접 평가하는 사람이기도 하고, 당신의 목표이기도 하다.

　일하기 편한 상사를 만나기란 여간 어렵지 않기 때문에, 이직하는 데에 좀더 좋은 여건인 것은 분명하다. 하지만, 아무리 좋은 상사라고 의리나 친분으로 쉽게 결정하는 건 문제가 크다. 이때에도 분명히 고려해야 할 사항들이 있다.


## 상사의 이직을 평가하라

이직에도 여러 가지가 있다. 다른 회사에서 좀더 좋은 평가를 받고 옮겨가는 경우가 있고, 지금 다니는 회사를 견디기 힘들어서 옮기는 경우도 있다. 심지어 지금 회사에서 거의 내쫓기다시피 하는 일도 있다. 함께 옮기자고 제안한 상사는 어떤 경우인가? 그는 지금 다니는 회사에서 인정받고 있는가? 그래서, 다른 회사에서도 좀더 좋은 조건을 제시한 것인가? 아니면, 마지못해 나가거나 견디기 힘들어서 옮기는 것인가?

이직의 이유만큼이나 이직 후 옮긴 회사에서의 상황을 예상해보는 것이 중요하다. 아무리 좋은 조건을 제시 받고 옮겼다고 하더라도 업무 상 권한은 다른 문제이다. 이직 후 옮긴 회사에서도 상사는 지금과 비슷하거나 더 많은 권한을 가질 수 있을까? 혹시 옮긴 회사가 너무 작은 회사라서, 또는 반대로 너무 큰 회사라서 결정권의 폭이 작아지지는 않을까?

상사와 함께 이직한다면, 옮긴 회사에서 당신과 상사는 적어도 어느 정도 기간까지는 같은 그룹으로 묶일 것이다. 함께 일해야 할 것이고, 평가도 함께 받을 것이다. 이때 당신의 능력이나 성과와 관계 없이 능력에 맞지 않은 업무를 해야 하거나 나쁜 평가를 받는다면, 그보다 억울한 일이 어디 있겠는가.

설령 상사와 당신의 관계가 중요하고 그래서 옮겨야겠다고 결정했더라도, 이후의 상황에 대해 예상해보지 않고 이직하는 것은 상사에게도 위험 부담을 고스란히 넘기는 것이다. **이직 이전의 상황을 평가하고, 이직 후 상황을 머릿속에 그려보는 것이 당신을 위해서나 상사를 위해서 큰 도움이 된다.**

### 상사와의 사적인 관계와 **자신의 인생을 혼동하지 말라**

상사와 오랜 기간 함께 일을 했다면 서로 상대방의 일 처리 방식이나 생각을 훤히 아는 것은 물론, 업무 목표를 달성하기 위해 취하는 방법까지도 일치할 것이다. 그러나 이런 것들을 자신의 인생과 혼동해서는 안 된다.

이 모든 것이 자신의 인생, 경력보다 중요할 수는 없다. 이런 경우 자기 인생의 방향을 기준으로 하여 이직할 경우 성공을 거둘 기회가 더 많은가를 꼼꼼히 검토해서 결정해야 한다. 상사가 이직을 한다고 해서 자기 인생의 목표와 방향은 생각하지 않고 무턱대고 따라 나섰다가는 큰 낭패를 볼 수 있다. 이런 경우 가장 좋은 방법은 자신의 능력과 주변 환경에서 출발해 객관적으로 판단한 후 결정하는 것이다.

상사와의 개인적인 친분도 중요하다. 상사와 긴밀하다는 것은 업무 면에서도 큰 도움이 되기 때문이다. 하지만, 상사와의 관계도 업무가 당신에게 맞고, 조건도 어느 정도 수긍할 만할 때 고려해야 한다. **만약 업무도 썩 내키지 않고 조건도 나을 것이 없다면, 이직하지 않으면서 친분을 계속 유지할 수 있는 방법을 생각하는 편이 낫다.** 이제까지 일하기에 편하고 서로 능력을 인정하는 사이라면, 회사가 달라도 도울 수 있는 방법이 얼마든지 있기 때문이다.

차이를 만드는 1%

### 상사의 이직을 평가하라

- 지금 다니고 있는 회사에서 상사는 어떤 평가를 받고 있는가?
- 옮겨갈 회사에서 상사의 위치는 어떠한가?
- 옮겨갈 회사에서 상사가 맡을 업무는 확실히 정해져 있는가?

# 16

## 강력한 경쟁자가 생겼을 때

### 한국 직장인 600명에게 물었다

**상사가 당신의 업무를 다른 동료에게 맡기려고 한다. 어떻게 할 것인가?**

❶ 업무량이 줄어드는 건 좋은 일이다. 인수인계를 충실히 한다.

❷ 내 업무 영역이 줄어드는 건 마음에 들지 않는다. 상사에게 다시 한 번 생각할 것을 요청한다.

❸ 새로운 동료가 잘 적응할 수 있도록 적극적으로 도와준다.

#### 1:1 설문조사 결과

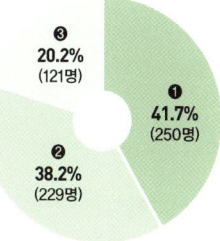

❸
**20.2%**
(121명)

❶
**41.7%**
(250명)

❷
**38.2%**
(229명)

많은 직장인들이 권한이 줄어드는 것보다는 업무가 줄어드는 것을 반가워했으며, 20% 정도는 업무 인수인계가 중요하다고 생각했다. 40% 가까운 직장인들이 자기 업무 영역이 줄어들 것을 우려했다. 과다한 업무량으로 효율이 나지 않는 것은 문제이다. 하지만, 경쟁자가 될 수 있는 동료에게 자신의 업무를 쉽게 넘기는 것은 다시 생각해봐야 한다.

한 부서에서 핵심적인 업무를 하고 있고 상사로부터 신임을 얻어 승진할 가능성이 큰 상황에서 새로운 동료가 왔다. 당신보다 나은 경력을 가지고 있고, 상사 역시 크게 기대하는 눈치다. 안 그래도 새로운 동료에 대해 경쟁심을 느끼고 있던 참인데, 상사는 당신의 업무를 떼내서 새로 온 동료에게 맡기려고 한다.

### 프로답게 맞서라

부하직원의 능력에 언제나 만족하는 경영진이나 중간 관리자는 없다. 그들은 끊임 없이 새로운 인력을 찾는다. 경영진이 가장 두려워하는 것은 눈에 띄는 부진이 아니라 보이지 않는 매너리즘이다. 그래서 업무 상 필수적인 것이 아니더라도 신규 인력 충원을 계획하고 조직개편을 감행한다.

　이때 가장 주목을 받는 것은, 회사가 운영하고 있는 여러 가지 비즈니스 중에서도 발전 가능성이 큰 부문이다. 이전에도 큰 발전을 보여 업무가 늘어난 분야, 앞으로도 발전 가능성이 충분한 분야에 인력을 충원하는 것이 당연하다. **만약 당신의 성과가 크게 부진하지 않았는데 당신의 업무**

**에 신규 인원을 투입하려 한다면, 경영진이 당신이 맡고 있는 분야의 발전 가능성을 크게 평가하고 있다는 뜻이다.** 이때, 새로 동료가 들어온 것은 경쟁이 시작됐다는 뜻이기도 하고, 당신에게 기회가 왔다는 뜻이기도 하다.

경쟁이라는 점에서 보면 당신의 업무 중 일부는 새로운 동료에게 넘어갈 것이고, 상사도 신규 인력에 좀더 관심을 가지게 될 것이다. 자연스레 당신에게 돌아올 줄 알았던 승진의 기회도 새로운 동료와의 경쟁을 통해 얻어야 한다. 이제까지 나름대로 핵심 업무를 수행해왔다고 자부하는 당신에게 이런 상황은 짜증스러울 수 있고 부당하게 느껴질 수 있다. 하지만, 당신은 프로다. 프로라면 경쟁에서 기회를 봐야 한다.


일본의 한 동물원 사육사가 흥미로운 사실을 한 가지 발견했다. 그가 관리하는 사슴들이 언제부턴가 점점 게을러지고, 달리기도 예전보다 느려지는 것이었다. 사육사는 고민 끝에 한 가지 묘안을 생각해냈다. 개 몇 마리를 사슴 우리에 넣은 것이다. 과연 이 방법은 효과가 대단했다. 사슴들이 다시 활력을 되찾고 생존 능력이 눈에 띄게 향상된 것이다.

사람도 마찬가지이다. 사람도 위기감을 느껴야만 실력이 향상될 수 있다. 오늘날 직장마다 경쟁이 치열해져 경쟁력이 강한 직원만이 살아남고, 그렇지 못한 직원은 도태되는 일이 비일비재하며, 실력을 길러야만 수많은 경쟁자들과 상대할 수 있다.

강한 상대를 만났다면 절대로 두려워서 피하지 말아야 한다, 그것은 실력 향상의 기회를 스스로 포기하는 것이다. 꿋꿋이 경쟁에 맞서야 한다. 상대의 실력이 강할수록 자신의 실력도 더 강하게 단련시킬 수 있음을 기억하자. 만만치 않은 상대와의 경쟁을 거치고 나면 평소보다 훨씬 짧은 시간에 크게 성장한 자신을 발견할 수 있을 것이다.

경쟁의 끝에는 반드시 승자와 패자가 나오는 법이다. **그러나 일시적으로 패배한다고 해도, 경쟁하는 과정에서 얻어지는 수확만으로도 충분히 경쟁할 가치가 있다. 그렇게 얻어진 수확은 그 후 더 치열한 경쟁에서 살아남을 수 있는 바탕이 되기 때문이다.** 새 동료의 실력이 자신보다 낫다면 속이 쓰린 것이 당연하지만, 대범하고 의연한 태도로 사실을 받아들이는 것도 훗날 리더가 되기 위해 중요한 자질이다.

## 새로운 동료를 부하직원으로 만드는 방법

새로운 동료가 당신보다 아무리 경력이 길고 능력이 뛰어나다고 해도 당신의 업무를 인수인계 받아야 일을 시작할 수 있다. 새로운 동료가 같은 업계에서 일했던 사람이라서 업무에 대해 잘 알고 있을 수도 있다. 그렇다고 해도, 서류 양식은 어떤 것을 쓰는지, 프레젠테이션이나 보고는 어떻게 하는지, 회사 근처에 어떤 식당이 괜찮은지, 당신이 알려줄 수 있는 것들이 많다.

업무에 관련돼있거나 그렇지 않거나, 알려줄 수 있는 사항을 최대한 자세히 알려주고 이전 방식대로 업무를 진행할 것을 권유해야 한다. 당신은 그가 새로운 방식으로 성과를 올리는 것을 우려해야 한다. 단순히 그가 성과를 올리는 것만으로 회사는 당신이 쌓은 성과를 낮게 평가하지 않을 것이다. 하지만, 그가 이전과는 다른 방식으로 성과를 올린다면 문제가 다르다. 회사는 당신이 '비효율적인' 방식으로 일을 처리해왔다고 느낄 수 있다.

**당신의 업무 방식을 새로운 동료에게 알려주고, 부서 안팎으로 당신이 선임자로서 새로운 동료에게 업무를 가르치고 있다는 것을 확실히 하라.** 새로운 동료는 당신의 업무를 빼앗은 경쟁자가 아니라 당신의 뒤를 잇는 후임으로 자리매김하게 될 것이다.

## 인적 네트워크를 잡아라

나와 상담했던 박 과장은 새로운 동료에게 밀려났다. 너무 많은 것을 공짜로 넘겨줬던 것이다. 직원 300명 정도의 제조업체에서 일하는 박 과장은 얼마 전 새로운 동료와 일하게 되었다. 새로운 동료는 다른 업계에서 영업을 맡아 큰 성과를 올린 '영업 맨'이라고 알려졌다. 경력도 박 과장보다 2, 3년쯤 더 긴 것 같았다. 박 과장은 팀장의 지시에 따라 자신의 업무 중 B2B 영업과 관련된 부분을 새로운 동료에게 인계했다. 평소 자주 거래하던 거래처 담당자 정보를 상세히 정리해서 넘겨주고, 따로 사적인 자리까지 만들어서 소개해주었다.

1년이 지났을 때, 새로운 동료는 B2B 분야에서 50% 이상 매출 증진 성과를 올렸다. 경영진은 B2B 영업 전체와 도매상 영업을 묶어서 팀을 만들었고, 새로운 동료가 팀장을 맡았다. 박 과장은 자신의 업무 가운데 도매상 영업 업무도 새로운 팀장에게 넘겨주어야 했다. 나는 박 과장에게 회사를 옮겨서 다시 시작해보라는 조언을 해줄 수밖에 없었다.

● ● ●

업무 관련 사항 가운데 넘겨주어선 안 되는 것이 있다. 바로 인적 네트워크다. 위 사례에서 박 과장의 경우, 특히 영업 분야에서, 거래처 담당자 정보까지 자세히 정리해서 넘겨주었다. 업무 처리 방식을 알려주는 것은 당신의 후임을 만드는 일이지만, 인적 네트워크까지 넘겨주는 것은 당신을 다른 사람으로 교체해달라고 요구하는 것과 같다.

회사를 관둘 게 아니라면, **당신의 인적 네트워크는 소중히 관리해야 한다. 인적 네트워크는 당신을 다른 사람으로 교체하지 못하게 하는 마지막 보루다.** 경쟁자가 될 수 있는 새로운 동료에게 이 소중한 자산을 그대로 넘겨주는 일은 자살 행위나 마찬가지다. 당신이 가지고 있는 거래처 정보 가운데 업무 진행에 꼭 필요한 부분만 인계하라.

인적 네트워크는 담당자가 아니면 이해하기 힘든 점이 있다. 다른 사람이 거래처에 제안했을 때 성사되지 않았던 것이 당신이 제안하면 되는 이유는 경영진으로서도 이해하기 힘든 일이다. 이런 특성이 고스란히 당신의 가치로 환산된다. 인적 네트워크를 넘겨주지 말라는 것은 회사 업무에 지장을 초래하면서까지 당신의 위치를 고수하라는 게 아니다. 당신의 고유한 가치까지 넘겨줘가면서 동료에게 도움을 주려는 것은 과잉 친절이라는 것이다.

만약 새로운 동료가 업무를 진행하면서 고객이나 관련 업체 정보를 요청한다면, 그때 그때 알려주어도 늦지 않다. 요청할 때마다 정보를 알려줌으로써 당신은 여전히 새로운 동료의 선임자로서 자리매김할 수 있다. 새로운 동료가 당신의 방식대로 일을 하며 때때로 당신의 도움이 필요하다. 당신은 이미 새로운 동료의 상사다.

# 17

## 당신의 능력이 직속상사보다 뛰어나다고 생각될 때

### 한국 직장인 600명에게 물었다

**당신의 능력이 직속상사보다 뛰어나다고 생각되면 어떻게 할 것인가?**

① 좀더 일해서 상사의 부족한 점을 보완한다.

② 지시하는 것만 처리하고, 상사가 어떻게 하든 상관하지 않는다.

③ 능력 있는 상사와 일하는 게 좋다. 전환 배치나 이직을 고려한다.

#### 1 : 1 설문조사 결과

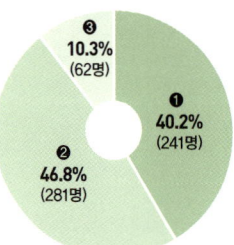

❸
10.3%
(62명)

❶
40.2%
(241명)

❷
46.8%
(281명)

한국 직장인들은 상사의 무능에 대해 관대한 편인 듯 하다. 가장 많은 직장인들이 신경 쓰지 않는 것으로 답했고, 40% 넘는 직장인들이 부족한 점을 보완한다고 답했다.

이 외의 답변으로는, 16명의 응답자가 '상급 상사에게 보고하여 다른 상사와 함께 일할 수 있도록 노력한다' 라고 답했다.

당신 혼자만의 생각이 아니라, 실제로도 당신의 능력이 직속 상사보다 나을 수 있다. 급격히 변화하는 요즘의 비즈니스 환경을 고려하면, 나이가 많은 상사보다 새로운 것을 받아들이는 것이 빠른 당신이 좀 더 뛰어난 것이 당연한 일일지도 모른다. 상사가 연륜과 경험은 풍부하지만, 시야가 좁고 통찰력이 떨어져 당신이 상사보다 일 처리 능력이 앞선다면 어떻게 해야 할까?

상사보다 능력 면에서 앞서 있고, 또, 당신 스스로도 그렇게 생각한다면, 당신은 무척 답답한 회사 생활을 하고 있을 것이다. 이것저것 새로운 일을 기획하고 진행하려 하지만, 도무지 빠르게 처리되는 것이 없다. 당신의 의견을 실현하는 데에 시간이 걸리거나 상사가 사사건건 부정적인 의견을 내놓아서 짜증이 날 수도 있다. 하지만, 이건 알아야 한다. '무능한 상사로 인한 스트레스'는 내가 가장 자주 접하는 직장인 고민 가운데 하나이다. 무수히 많은 직장인들이 지금도 이 문제로 고민하고 있다. 유독 당신의 능력이 출중해서 그런 것이 아니라는 뜻이다.

## 직속상사는 회사를 대표한다

당신에게 직속상사는 회사와 경영진을 대표하는 인물이다. 이 사실이 중요하다. 당신이 직속상사보다 능력 면에서 뛰어나다고 해서, 경영진에 상사를 바꿔달라고 요청할 수는 없다. 사실 여부와 관계 없이, 당신이 더 뛰어난 능력을 지녔다고 생각하는 것은 어디까지나 당신의 판단일 뿐이다. 경영진은 이미 당신보다 상사가 그 위치에 적합하다고 결정을 내렸다. 당신은 이 결정을 존중해야 한다.

만약, 당신이 상급 상사나 경영진에 당신의 승진이나 상사 교체를 요청할 생각이라면, 사직을 염두에 두는 것이 좋다. 당신은 경영진의 결정, 특히 인사와 관련해서 대단히 중요한 결정에 대해 이견을 공식적으로 말하려는 것이다. 직속상사와의 관계는 당연히 악화될 것이고, 회사 역시 회사의 결정에 정면으로 이견을 말한 당신에 대해 조치를 취할 수밖에 없다. 당신이 아무리 유능하다고 해도 마찬가지다.

다시 한 번 말하지만, 당신은 경영진에 상사를 바꿔달라고 말해선 안된다. **받아들여질 수 없는 요구를 해서 스스로를 곤경에 빠뜨리지 말라. 상사와 도저히 함께 일할 수 없다면, 상사에게 직접 전환 배치를 요청하는 편이 낫다.** 전환 배치를 요청하는 이유도 물론, '상사가 무능해서' 보다는 '다른 업무를 해보고 싶어서' 정도로 말하는 편이 앞으로의 회사 생활에 도움이 되는 것은 말할 필요도 없다.

## 부서의 실적을 올리되 **당신의 성과는 따로 관리**하라

'함께 일하는 상사가 답답하다'는 직장인 가운데에는 업무 의욕을 잃고, 자의 반 타의 반으로 업무를 태만히 하는 경우도 있다. 상사에 대한 불만이 쌓이고, 이는 업무에 영향을 미친다. 부서 전체의 실적은 점점 자신과는 상관 없는 일이 되고, 차라리 부서의 실적이 좋지 않아서 상사에 대한 평가가 나빠지길 바라기까지 한다. 상사의 결정이 어찌 됐든 의견 없이 따르고, 결과에 상관하지 않는다는 사람도 있다.

감정에 휩쓸리다 보면, 뻔한 일도 잘 보이지 않는 경우가 있다. 상사가 무능력해 보이고, 그래서 마음에 안 든다고 부서의 실적을 나 몰라라 하는 것은, 바로 당신의 이력에 구멍을 내는 짓이다. 답답하더라도 상사와 당신은 한 배를 탄 셈이다. 같이 탄 사람이 마음에 들지 않는다고 자신이 탄 배에 구멍을 내는 짓을 해서야 어떻게 현명한 행동이라고 할 수 있겠는가!

경우에 따라서는 당신의 능력과 회사 내 평판에 대해 직속상사가 불만을 가질 수도 있다. 회의에서 상사가 당신의 발언에 별다른 이유 없이 비판적이거나, 업무 진행에서 필요 이상으로 깐깐하게 군다면, 상사가 당신을 시샘하고, 당신을 위협적인 존재로 보고 있기 때문이다. 이런 상황에서 기분이 나쁘다고 해서 복수를 하기 위해 고의로 잘못된 자료와 데이터를 보고해, 상사가 잘못된 결정을 내리도록 만든다는 사람을 만난 일이 있다. 이런 행동은 회사에 손실을 입힐 뿐 아니라, 그 책임이 자신에게 돌아오고 만다.

이렇게 해서 좋지 않은 성과가 났다면 상사의 실책일 뿐 아니라, 부서 전체에 대해서도 좋은 평가를 할 수가 없다. 이렇게 되면 당신 자신에게도 좋을 것이 없다. 자기 능력을 발휘하고 싶다면 부서 전체의 실적이 좋아야 한다는 사실을 모르지 않을 것이다. 그러므로 고의로 복수를 하든, 상사가 실수하는 것을 방관하든 자신과 회사에 모두 손실을 입힐 수 있다. 이렇게 자신이 가진 능력을 발휘하지 못하고 썩히는 것은 억울한 일이 아닌가?

상사가 어떤 사람이든 당신은 당신의 부서가 좋은 성과를 올릴 수 있도록 적극적으로 나서야 한다. 부서의 실적은 당신에 대한 평가와 밀접한 관계가 있다. 상사가 아니라, 당신 자신을 위해 일해야 한다. 이와 함께, **당신이 이룬 성과는 평소부터 정리하고 보고해서 당신의 것으로 만들어둬라. 무능한 상사 때문에 감정을 상하고, '상사를 바꾸겠다'거나, '상사를 곤경에 빠뜨리겠다'는 공상할 시간에 당신의 실적을 쌓아라.**

나의 수많은 직장인 상담 경험에 비춰 확실히 보장할 수 있다. 차근차근 실적을 쌓아가면 당신이 그 무능한 상사와 함께 일해야 하는 시간은, 당신이 예상하는 것보다 무척 짧을 것이다.

## 상사의 오른팔이 되라

반대로, 상사가 당신의 능력을 시샘하지 않고 늘 칭찬한다면 그것은 당신이 인복을 타고난 것이다. 이런 경우에는 상사에게 감사하고, 그의 넓은 아량에 찬사를 보내야 한다. **인재를 적재적소에 배치하고, 능력을 충분히 발휘할 수 있도록 하는 것 역시 리더로서의 능력이므로, 회사 전체로서는 그 상사 역시 우수한 직원이다.** 그러므로 상사의 부족한 점을 보완해 상사의 오른팔이 되어야 한다.

또 한 가지 명심할 것은 아무리 상사가 자신을 시샘하지 않는다고 해도, 자기 능력만 믿고 자만하거나 안하무인 행동해서는 안 된다는 사실이다. 누구에게나 마음에 용인할 수 있는 데드라인을 가지고 있기 때문에, 그 선을 넘어서서 상사의 권위에 도전한다면, 어제의 조력자가 오늘의 적이 되는 것은 순식간이다.

차이를
만드는
1%

당신은 절대 이렇게 해선 안 된다. 상사가 무능하다고
생각하는 직장인들이 저지를 수 있는 우둔한 행동들

- 부서 안팎에서 공공연히 상사에 대한 험담을 늘어놓는다.
- 상사의 실수를 방관하고 부서 실적이 어떻게 되든 방관한다.
- 상급 상사나 경영진에 상사를 바꿔줄 것을 요청한다.
  (심지어, 바꾸지 않으면 회사를 관두겠다고 '협박' 한다.)

## 18

## 후배 직원이 더 인정받을 때

### 한국 직장인 600명에게 물었다

**경력이 짧은 동료가 상사의 신임을 믿고 자기 권한 밖의 업무를 마음대로 하려 한다면 어떻게 할 것인가?**

❶ 언젠가는 큰 코 다칠 일이 있을 것이다. 그냥 두고 본다.

❷ 따로 만나서 그렇게 행동하지 말라고 충고한다.

❸ 권한은 중요한 문제이다. 업무 상의 문제로 상사에게 보고한다.

❹ 일에서 교훈을 얻어야 한다. 처리하기 힘든 일을 맡겨본다.

### 1 : 1 설문조사 결과

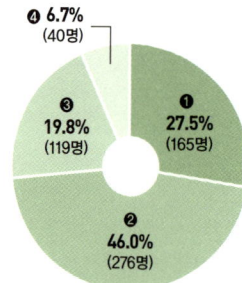

❹ 6.7%
(40명)

❸ 19.8%
(119명)

❶ 27.5%
(165명)

❷ 46.0%
(276명)

가장 많은 직장인들이 따로 만나 얘기하겠다고 답했다. 상사에게 보고하거나, 처리하기 힘든 일을 맡겨본다는 답변은 20%가 조금 넘었다.

회사에 처음 들어가서 회사의 시스템과 업무에 완전히 적응하기 위해서는 보통 1~2년의 시간이 걸린다. 그런데 가끔씩 이해력과 적응력, 혹은 친화력이 뛰어나 불과 몇 개월 만에 상사의 신임을 받는 직원들이 있다. 이런 직원과 함께 일하게 되었다면 어떻게 해야 할까?

### 발전할 수 있는 기회는 누구에게나 주어진다

동료가 자기보다 먼저 승진하는 것을 좋아할 사람은 없다. 승진할 수 있는 기회는 누구에게나 똑같이 주어지는데 당신은 왜 승진하지 못할까? 먼저 당신 자신에게서 원인을 찾아야 한다. 동료의 능력에 대해 다시 한 번 평가해보라. 경력만 가지고 능력을 판단해서는 안 되며, 능력을 발휘하려는 후배를 깎아 내리거나 무시해선 안 된다. 당장은 당신 마음대로 될지 모르지만, 결국 상황만 더욱 난감해질 뿐이다.

박 대리는 택배 업체 본사에서 일한다. 박 대리가 일하는 부서에 신입사원이 들어왔다. 신입사원은 똑똑하고 활발해 상사는 물론 동료들에게도 인기가 있었다. 게다가 외모 면에서도 단연 눈에 띄는 터라, 다른 부서 사람들에게도 화제가 됐다. 신입사원은 남들보다 훨씬 빨리 업무에 적응해서 단 한 달 만에 혼자서 거래처와 구체적인 사안에 대해 협상하겠다고 나섰고, 석 달 만에 첫 신규 거래처를 확보했다.

1년이 안 돼서, 팀장은 신입사원을 높게 평가하고, 거래처 협상 권한을 주겠다고 했다. 입사 후 3년이 지나서야 거래처 협상 권한을 받았던 박 대리는 이런 처사가 불공평하다고 생각했다. 박 대리는 다른 팀원들에게 자신의 의견을 여러 차례 말했고, 결국 신입사원에게 거래처 관리 권한을 주겠다는 결정을 취소해달라고 팀장에게 요구했다.

팀장은 일단 신입사원에게 거래처 관리 권한을 주는 것을 보류하기로 했다. 하지만, 권한과 관계 없이 신입사원은 적극적으로 영업에 나섰고, 몇 개월이 지나지 않아 자연스럽게 거래처 관리 권한을 가지게 됐다. 이번엔 박 대리나 다른 팀원 모두 팀장의 결정에 따를 수밖에 없었다. 나에게 상담을 요청했을 때, 박 대리는 '자존심이 상했다'고 했고, 경쟁사로 이직을 생각하고 있었다.

● ● ●

상사가 당신의 후배 직원을 업무 면에서 뛰어나다고 평가하고 좀더 많은 권한을 맡기고 싶어 한다면, 당신은 이에 대해서 적극적으로 반대해서는 안 된다. **후배 직원에게 좀더 많은 권한을 주고 중요한 일을 하게 하는 것은 상사의 판단이다. 이 판단이 옳은 것인지는 후배 직원에게 실제 권**

**한을 주고 업무를 진행하도록 해봐야 알 수 있는 일이다.** 후배 직원의 능력을 검증할 수 있는 기회를 줘라.

## 당신의 능력에 대해 진지하게 평가하라

상사가 후배 사원의 능력을 높게 평가하는 것은 심각하게 받아들여야 한다. 후배 사원은 여러모로 당신보다 불리한 여건에 놓여있다. 경험도 부족하고, 회사 안팎에 인적 네트워크도 부족할 가능성이 크다. 그런데도, 상사가 후배 사원의 능력을 높게 평가하고 여러모로 배려하려 한다면, 이는 당신에 대한 평가에도 영향을 줄 수 있다.

**앞서 말했듯이 같은 능력을 가진 두 직원이 있다면, 회사는 좀더 경력이 짧은 직원을 선호하게 마련이다. 일단 비용이 덜 들고, 앞으로의 가능성도 더 크다.** 게다가 상사로서도 경력이 긴 부하직원보다는 경력이 짧은 직원이 더 편하다. 경력이 길면 길수록 신경 써줘야 하는 일이 많아지고, 심지어 경쟁자가 될 수도 있다.

후배 사원이 일단 좋은 평가를 받고 있다면, 경력이 긴 당신보다 상사와 더 긴밀하게 지낼 가능성은 무척 크다. 그저 '경험도 부족한데, 제법이군'이라며 두 손 놓고 구경하고 있을 일이 아니다. 무엇보다 먼저 당신 스스로 자신의 능력을 점검하는 계기로 삼아야 한다. 이제까지 잘 해왔다고 하더라도, 경력이 쌓이면서 회사가 새롭게 요구하는 역할을 제대로 해내지 못하고 있는 것은 아닌가? 또, 이제까지의 업무 처리 방식이 한계에 와있는데 당신이 혁신하지 못하고 있는 것은 아닌지 평가할 시간이다.

## 당신의 페이스로 리드하라

후배 사원이 상사에게 신임을 받는다면 그는 분명 당신이 발견하지 못한 우수한 능력을 가지고 있을 것이다. 설령 그가 아첨으로 상사에게 잘 보여 승진을 했더라도, 상사의 환심을 사는 것 역시 능력이다. 그러므로 상대를 함부로 무시해서는 안 된다. 그러다가 상사가 신임하는 그에게 밉보이면 큰일이 아닌가.

어떤 상황에서든 함부로 남을 무시해서는 안 되며, 상대에게서 자신이 가지지 못한 장점을 찾기 위해 노력해야 한다. 후배 사원이 상사로부터 신임을 받는다면 분명히 그럴만한 이유가 있을 것이다.

후배 사원이 당신보다 더 나은 점은 눈에 띄는 특징이 아닐 수 있다. 단지 무척 자잘한 업무 능력에서 당신보다 더 뛰어날 수도 있다. 내가 직장인 상담을 시작했던 때만 해도, 컴퓨터 사용에 거부감을 느끼는 간부급 직장인들이 있었다. 그 사람들이 컴퓨터 활용 능력에 대해 가지고 있던 생각은 한결 같았다. '그것은 아무것도 아니다' 라는 것이었다.

지금 생각해봐도 그때 회사 업무를 보는 데 필요한 컴퓨터 활용 능력이란 초보 중의 초보 수준이었다. 문서를 작성하거나, 간단한 계산을 해내거나, 몇 가지 프로그램을 온라인에서 사용하는 것이었다. 그런데, 몇 년이 흐른 지금은 어떤가? 컴퓨터를 활용할 수 없는 사무직 중간관리자는 없다. 컴퓨터 활용을 자잘한 것으로 봤던 사람들은 어디로 갔을까? 대부분은 생각을 바꿨을 것이고, 일부는 도태됐을 것이다. 작은 능력을 그저 작다고 무시하지 말라. 변화는 작은 곳에서 시작된다. 변화에 떠밀리지 않으려면 작은 것부터 살펴야 한다.

　당신 스스로 능력과 업무에 대해 냉정하게 평가했다면, 이제 상황은 당신에게 유리하다. 당신은 후배 사원이 가지지 못한 경험, 인적 네트워크를 모두 가지고 있다. 강자가 가질 수 있는 최악의 약점은 오만함과 자기 과신이다. 냉정한 평가를 통해 이를 떨쳐버렸다면, 후배 사원을 당신의 페이스에 맞춰 리드할 수 있는 것은 시간 문제일 뿐이다.

차이를
만드는
1%

후배 사원이 더 인정받는다면,
당신의 능력을 점검할 때가 온 것이다.

- 후배 사원의 장점은 무엇인가 찾아보라
- 당신이 매너리즘에 빠져있지 않은지, 업무 처리 과정에서 나쁜 습관을 갖고 있는 건 아닌지 살펴보라
- 당신의 부서나 회사가 생각하는 발전 방향이 무엇인지 생각해보라

# 19

## 경영자가 당신을 오른팔로 여길 때

### 한국 직장인 600명에게 물었다

**고위 경영자가 당신을 오른팔로 여긴다고 말한다면 어떻게 할 것인가?**

① 기회로 생각하고 열심히 지시대로 일한다.

② 지시 내용을 직속상사에게 보고한다.

③ 직속상사를 통해 지시해줄 것을 요청한다.

**1 : 1 설문조사 결과**

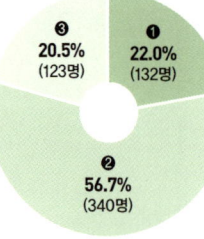

❸ 20.5% (123명)
❶ 22.0% (132명)
❷ 56.7% (340명)

고위 경영진의 신임을 얻는 것을 기회로 생각하는 직장인이 많지 않았다. 대다수의 직장인이 직속상사에게 먼저 보고하기를 택했다.

이 외의 답변으로는, 5명의 응답자가 '별 의미를 두지 않고 평소대로 일한다'고 답변했다.

고위 경영진에게 신임을 받고 요직에 등용되고 고위 경영진
의 오른팔이 되는 것은 일단 좋은 일일 것이다. 사람들 대부분 이렇게만
된다면 사회적인 성공은 떼놓은 당상이라고 생각한다. 그러나 사실은 그
렇지 않다. 고위 경영진의 오른팔이 된다는 것은 늘 처리하기 힘든 일을
도맡아 해야 함을 의미한다. 아무리 야근을 해도 연봉 인상은커녕 시간외
수당도 받기 힘들 것이고, 동료들의 잘못을 일러바치는 일도 해야 하며,
때로는 억울하지만 총대를 메야 할 수도 있다.

### 무리한 요구에 거절하는 법을 배우라

보통 한 회사의 고위 경영진이 부하직원에게 관심을 갖는 것은 업무 목표
뿐이다. 그러므로 고위 경영진이 당신을 오른팔로 삼으려고 한다면 그것
은 당신이 자신을 도와서 많은 일을 해주길 바라는 것이고, 그렇기 때문
에 당신은 고위 경영진을 위해 남들보다 훨씬 더 많은 일을 해야 할 것이
다. 힘은 들지만 고위 경영진으로부터 신임을 얻었다는 것만으로도 충분
히 가치 있는 일이다.

그렇지만 고위 경영진의 지시를 곧이곧대로 모두 수행해서는 안 되며, 주관을 가지고 선별적으로 일해야 한다. 어떤 일은 당신에게 오히려 해가 될 수도 있기 때문이다.

• • •

신입사원 윤씨는 입사 초기부터 본부장으로부터 능력을 인정받았다. 한 번은 본부장이 사석에서 그에게 '자네는 다른 직원들과 달라. 자넨 내 오른팔이라고! 자넨 내 귀이자 눈이야. 다른 직원들의 근무 태도와 사적인 자리에서 이야기하는 내용을 내게 수시로 보고해주게'라고 말했다. 처음에는 윤씨도 본부장이 자신을 신임하고 있다는데 감격하여 본부장이 시키는 대로 했다.

그는 자신의 업무 외에도 본부장에게 동료들의 상황을 수시로 보고하며 열성적으로 일했다. 그런데 시간이 갈수록 윤씨는 회사에서 자신이 설 자리가 점점 좁아지고 있음을 느꼈다. 동료들이 예전처럼 자신과 허물없이 대하지 않고, 그에게 비밀로 하는 일이 많아지고 자신을 경계하는 느낌을 받았다.

윤씨는 본부장의 무리한 요구에 계속 따라야 하는지, 거절해야 하는지 고민하기 시작했다. 계속 본부장의 스파이 역할을 한다면 동료들에게 따돌림을 당할 것이 분명하고, 설령 본부장의 신임을 받아 승진한다고 해도 직원들이 자신을 인정하지 않으면 성공할 수 없었다. 나는 윤씨에게 고위 경영진에게 자신의 고충을 털어놓고 완곡하게 거절할 것을 권했다.

• • •

사실, 윤씨의 사례는 그리 흔한 일은 아니다. 하지만, 고위 경영진이 '요즘 회사 분위기가 어떤가?'라든지, '이 사업에 대해 자네 부서 사람들은 어떻게 말하나?'라는 식으로 묻는 일은 흔하다. 이런 때에 대답에 유의해야 한다. 자칫 잘못하면 쉽게 한 말이 큰 결과를 낳을 수 있고, 말한 사람에게도 책임이 돌아올 수 있기 때문이다.

고위 경영진의 지시를 거절하는 것은 매우 어려운 일이지만 자신의 앞날에 직결된 문제이므로 불리한 것을 알면서도 억지로 따를 수도 없다. **그렇다면 무리한 요구를 거절하고 자기 의견을 밝히는 방법을 배워야 한다. 피해를 감수하며 인내하다가는 자기만 손해를 보는 경우가 적지 않다.**

## 동료들과 **원만한 관계를 유지**하라

고위 경영진이 당신을 오른팔로 생각하고 있다면, 동료들은 당신을 고위 경영진의 끄나풀로 여기고 당신을 멀리할 것이다. 그럴 때에는 동료들과 가까이 지내려고 노력해 당신이 그들과 같은 입장이라는 것을 은연중에 알려야 한다. 그래야만 그들도 경계심을 풀고 당신을 친구로 생각할 것이다.

회사 입장에서 생각해 보자. 사원들의 생각, 업무 태도가 경영진에 잘 전달되는 것은 회사 발전에 도움이 된다. 반대로 경영진의 생각이 사원들에게 잘 전달되는 것도 중요한 일이다. 동료들에게 고위 경영진이 그들의 근무 태도를 어떻게 생각하는지 알려주어야 한다. 그래야만 승진한 후에도 동료들이 당신의 든든한 날개가 되어줄 것이다.

## 마음대로 하라는 말, 곧이곧대로 들었단 말인가!

고위 경영진이 출장 등으로 자리를 비울 때면 오른팔인 당신에게 '회사 일은 모두 자네에게 맡기겠네'라고 말할 것이다. 그러나 이 말 속에 담긴 뜻을 간파해낼 줄 알아야 한다.

● ● ●

'알아서 해'라는 지시에 말 그대로 '알아서' 했다가 손해를 입는 일은 말단 직원보다는 중간 관리자에게 자주 일어난다. 권한 구분이 애매한 경우가 많기 때문이다. 내가 사석에서 만난 유 부장도 그런 경우였다. 유 부장은 한 쇼핑 업체의 마케팅 부서를 맡고 있었다. 그런데 어느 날 고위 경영진이 장기 출장으로 자리를 비우면서 그에게 "중요하지 않은 일은 판단대로" 처리하라고 말했다.

그 다음날 한 고객이 회사로 전화를 걸어 다른 회사에서 같은 제품에 대해 판촉 이벤트를 시작했다며 유 부장의 회사도 이벤트를 실시할 계획이 없는지 문의했다고 한다. 사실 유 부장은 고위 경영진이 출장을 가기 전에 이벤트에 대한 기획안을 제출해 구두로 지시를 받은 바 있었지만, 아직 구체적인 내용은 정해지지 않은 상태였다. 유 부장는 고위 경영진이 출장을 떠나기 전의 지시 사항을 떠올리며, 자기 생각대로 계획을 실행에 옮겼다. 그러나 결과가 좋지 않아 회사의 시장점유율이 오히려 하락하고 말았다. 그로부터 얼마 후 고위 경영진은 전체 회의 자리에서 '자기 마음대로' 결정한 유 부장을 질책하는 발언을 했다.

"마음대로 하라고 해서 마음대로 했더니 질책이라니…." 유 부장은 내게 말하면서 어쩔 수 없다는 듯, 고개를 저었다.

● ● ● ●

고위 경영진이 당신을 오른팔로 생각하고 있다고 해서 절대 마음대로 결정을 내려서는 안 된다. 가장 좋은 방법은 고위 경영진에게 즉시 보고하고 지시를 받는 것이다. 독단적으로 결정을 내렸다가는 헛수고만 하고 고위 경영진의 신임을 잃을 수 있다. **고위 경영진이 어떻게 말하든, '보고한 후 처리한다'는 기본 자세는 계속 유지하라. 차라리, '이런 건 알아서 할 수 없냐'는 질책을 받는 편이 백 번 낫다.**

차이를 만드는 1%

## 고위 경영진을 대할 때 유의할 점들

● 회사 분위기나 사원들의 생각을 물을 때, 절대 생각 없이 말을 뱉지 말라.
● '알아서 하라'고 지시를 받았을 경우에도 보고한 후 업무를 진행하라.
● 동료와의 관계를 생각해서 고위 경영진을 대하라.

# 20

## 별다른 실책 없이 좌천되었을 때

한국 직장인 600명에게 물었다

**조직개편으로 직책이 강등되었다. 연봉에는 큰 영향을 미치지 않았지만,
기분이 좋을 리 없다. 어떻게 할 것인가?**

❶ 이직을 적극적으로 고려한다.

❷ 내 업무 역량에 대해 평가가 좋지 않은 것은 자존심 상한다. 더 큰 실적을 내기 위해 노력한다.

❸ 직책은 별 일 아니다. 그냥 이전에 일하던 대로 한다.

### 1 : 1 설문조사 결과

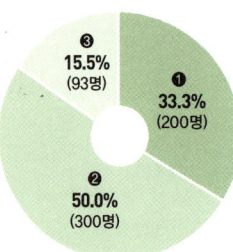

❸
15.5%
(93명)

❶
33.3%
(200명)

❷
50.0%
(300명)

절반 이상의 직장인들이 직책이 강등됐을 때는 오히려 분발
하겠다고 답했다. 동시에 이직을 고려하겠다는 의견도 만만
찮게 큰 비중을 차지했다. 이전에 일하던 대로 한다는 의견
이 10명 가운데 1명 꼴로 나왔다.

이외에도, 답변자 중 7명이 '서둘러 사직한다'는 응답을 했
다. 이직과 상관 없이 일단 사직할 정도로 이 문제는 중요하
게 생각한 것으로 보인다.

직장은 변화무쌍한 곳이다. 당신의 직책이나 직급이 강등될 수 있다. 또, 중요하지 않은 부서로 전환 배치될 수도 있다. 하루 아침에 아무런 영문도 모른 채 좌천 명령을 받고 자리에서 물러나야 할 수도 있다. 만약 당신에게 이런 일이 생겼는데, 상사는 경영진의 결정이라면서 정확한 이유를 말해주지도 않고, 언제 직급을 회복시켜줄지, 이전 부서로 돌아갈 수 있는지 알려주지 않는다. 하루 아침에 업무와 권한이 달라진 당신에겐 답답한 일이 아닐 수 없다.

## 체면은 접어둬라

직책이나 직급이 강등되는 것은 바로 해고로 생각되던 때가 있었다. 또한직으로 좌천되면 당연히 사직해야 하는 것으로 생각되었다. 사직을 권고하기 껄끄러울 경우 직책을 낮춰 발령을 내서 스스로 사표를 내게 하는 것이다. 요즘의 기업 문화는 크게 달라졌다. 직급보다는 직책, 직책보다는 업무가 중요하다. 직책이나 직급이 낮아졌다고 해서 이것저것 따져볼 필요 없이 바로 사표를 내버리는 것은 좋지 않다.

물론, 실제로도 당신을 해고하려는 의도일 수 있다. 이런 경우엔 회사의 전망이나 회사 안에서 당신의 위치를 다시 한 번 점검해봐야 한다. 좌천을 받아들일지 아니면 그만두고 다른 회사에서 새로 시작할지 결정하는 것은 상황을 점검한 후에 결정해야 한디.

당신은 이미 직급 강등이라는 모욕적인 취급을 당해서 나름대로 애정을 갖고 있던 회사와 함께 일해왔던 상사에게 배신감을 느끼고 있을지도 모르겠다. 이것저것 판단하기보다는 '회사가 바라는대로' 사표를 던져버리는 게 깨끗하다고 생각하고 있을 수도 있다. **만약, 회사 안에서 당신의 입지가 무척 약해져 있고, 앞으로 권한을 가지고 할 수 있는 일도 적으며, 상사나 경영진과의 관계도 악화돼있다고 생각한다면 사표를 던져라. 하지만 한 가지, 사표를 던지더라도 절대 체면 때문에 던져서는 안 된다.**

## 관계 속에서 이유를 찾아라

회사가 아무런 이유도 없이 직원을 좌천시킬 리는 없다. 회사 쪽에서 상당히 부담스러운 결정이기 때문이다. 분명히 어떤 이유가 있지만, 그것을 당신에게 알리지 않을 뿐이다. 대개의 경우, 강등이나 좌천, 보직 변경은 당사자의 능력이나 실적에 대한 평가로 받아들여진다. 하지만, 이런 인사상의 조치들이 능력이나 실적이 아니라 다른 이유로 이루어지는 경우가 생각보다 많다.

또, 능력과 실적 면에서 좋지 않은 평가를 받아서 강등됐다고 하더라도, 당신의 능력이나 실적이 이미 정해진 기준에 미치지 못해서 강등됐다기보다는 같은 직급의 동료들과 비교해서 좋지 않았기 때문일 가능성이 높다. 이런 상황에서 강등의 이유를 찾는다고 당신의 인사고과, 실적 파일을 들춰보는 것은 무의미하다. **이유를 당신에게서만 찾지 말고 당신과 동료들, 상사와의 관계에서 찾아라.**

회사가 당신을 당신의 동료들과 비교해서 어떻게 평가하고 있는지 살펴보라. 또, 당신이 새롭게 맡게 된 직책, 직급을 회사에서 어떻게 생각하는지 살펴보라. 일단 강등이나 좌천은 당신에 대한 부정적인 평가를 기반으로 이루어진 것임은 분명하다. 하지만, 이것이 당신에게 다른 가능성을 열어줄 수도 있다.

● ● ●

제약회사 영업 팀에서 일하던 최 과장은 동료에 비해 실적이 좋지 않았다. 심하지는 않지만 말을 더듬는 데다가 적극적인 성격이 아니라서 상사에게 좋은 평가를 받지도 못했다. 이러던 참에 회사는 최 과장에게 발령을 냈다. 옮겨갈 부서는 영업 업무 지원을 목적으로 하는 곳이었고, 바쁠 때는 물류 업무까지 지원하는 역할도 하는 곳이었다. 영업부에서 밀려나는 것 같아서 기분이 무척 상했지만, 다른 동료들에 비해 실적이 나은 것도 아니라서 상사에게 할 말도 없었다.

나는 최 과장이 말을 더듬는 것 때문에 지금의 업무에 스트레스를 받고 있다는 점이 중요하다고 생각했다. 다른 제약회사 영업 팀으로 이직할 것을 고민하던 최 과장에게 회사을 옮기는 것은 미루고 새로운 일을 해보라고 권했다. 옮겨간 부서는 성과급도 없었고 성취감도 부족했지만, 거래처를 만날 일이 적어서 대인 관계에 스트레스를 받던 최 과장에게는 좀더 나은 점도 있었다. 물류, 정산 등 영업 지원 업무에 익숙해져 가던 참에, 최 과장에게 다시 기획 부서로 발령이 났다. 영업과 관련한 여러 가지 일을 처리한 경험을 살려 제품 개발에 의견을 내는 것이 새로운 담당 업무가 됐다. 최 과장은 업무 경험은 경험대로 살리면서 의미 있는 업무를 맡게 된 것이 만족했다.

●  ●  ●

이전에 비해 회사 안의 부서 이동이나 직급, 직책 변동이 심해졌다. 그래서, 최 과장의 사례와 같이, 업무가 바뀌는 일이 잦을 수도 있고, 그에 따라 스트레스를 심하게 받을 수도 있다. 하지만, 희소식도 있다. 업무 변경이 잦은 만큼, 다양한 업무 능력을 가진 직원들의 가치가 더 커졌다는 것이다. 회사는 더 이상 한 업무를 10년, 20년씩 해온 사람을 높게 평가하지 않는다. 관련된 업무를 다양하게 경험해서 알고 있는 직원이 더 필요하다.

## 남아있는 **가능성을 찾아라**

모든 좌천과 강등이 기회라고 할 수 없다. 하지만, 이 기분 나쁜 경험에서도 가능성을 찾을 수 있다면 이를 이용하는 편이 낫다. 직책이 강등되는 것은 무척 껄끄럽고 자존심 상하는 일이다. 그러나, 이 자존심 상하는 일이 다른 업무를 경험할 수 있는 기회를 준다면 두 말 할 것 없이 잡아야 한다. 직책이 강등된 채로 이직을 하는 것도 역시 자존심을 되찾는 데에는 도움이 되지 않고, **회사 안에서 평가나 실적이 좋지 않을 경우, 이직도 쉽지 않을 가능성이 크다. 게다가, 어쩔 수 없이 밀려나는 상황에서 시간을 가지고 다른 일을 찾는 것도 어렵다.**

회사가 이런 조치를 내린 이유를 찾고, 아직 만회할 기회가 남아있다면 이를 충분히 이용하라. 이직은 그 다음에 생각하는 게 훨씬 유리하다. 완전히 다른 업계로 옮기는 것이 아니라면, 어느 회사에서나 비슷한 업무를 맡아야 하고 어느 회사나 비슷한 평가 기준을 갖고 있다. 이 회사에서만큼이나 다른 회사에서도 평가가 좋지 않을 수 있다. 그렇게 되면 상황은 지금보다 무척 좋지 않을 것이다. 강등이나 좌천으로 업무나 권한이 바뀌더라도, 당신에 대한 좋지 않은 평가는 이 회사 안에서 만회하는 게 정석이다.

차이를
만드는
1%

**직책이 강등되었다면?**

- 체면이나 자존심은 고려 대상이 아니다.
- 직책만 강등된 것인가, 새로운 업무가 맡겨지는 것인가 살펴보라.
- 새로 맡겨진 업무에서 경험을 더 쌓을 수 있는지 예상해본다.
- 좋지 않은 평가는 회사 안에서 만회하는 게 정석이다.

# 21

## 상급 상사가 직속상사를 통하지 않고 업무를 지시할 때

### 한국 직장인 600명에게 물었다

**상급상사가 직속상사를 통하지 않고 일을 시킨다면 어떻게 대처할 것인가?**

❶ 직속상사에게 보고한다.

❷ 직속상사의 의견과 관계 없이 처리한다.

❸ 직속상사와 협의하고 처리하겠다고, 상급 상사에게 알린다.

### 1 : 1 설문조사 결과

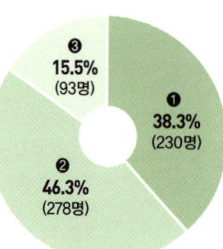

❸
**15.5%**
(93명)

❶
**38.3%**
(230명)

❷
**46.3%**
(278명)

많은 직장인들이 직속상사보다는 상급 상사의 의견을 우선적으로 생각했다. 절반 정도가 직속상사의 의견과 관계 없이 처리한다고 답했고, 40% 정도가 직속상사에게 보고한다고 답했다. 상급 상사에게 직속상사의 의견을 묻고 처리하겠다는 걸 알리겠다고 답한 것은 15%에 지나지 않았다.

회사마다 조직과 제도가 있고 직위 체계가 있지만, 가끔씩 상례에 어긋나는 상황이 나타나기도 한다. 상급 상사가 중요한 업무를 중간 관리자를 통하지 않고 말단사원에게 직접 지시하는 것 역시 그런 경우에 속한다. 당신에게 이런 상황이 일어났다면 어떻게 해야 할까?

## 부담과 기회

상사가 중간 관리자인 자신의 직속상사를 통하지 않고 자신에게 직접 업무 지시를 내린다면, 큰 부담을 느낄 것이다. 상급 상사 또는 경력이 많은 동료들로부터 따가운 시선을 받을 수도 있고, 경력이 비슷한 동료들에게는 시샘과 부러움의 대상이 될 수도 있기 때문이다.

주변의 이런 시선과 부담을 견디기 힘들다고 해서 업무를 포기하는 것은 가장 어리석은 일이다. 상급 상사가 중요한 업무를 직접 지시한다면, 당신의 능력은 어느 정도 인정했기 때문이다. 그런데 이런 기회를 발로 차버린다면 상급 상사는 분명 당신에게 그 임무를 수행할 자신감과 패기가 없다고 생각할 것이다. 상사에게 이런 인식을 주면 직장에서 성공하겠다는 꿈은 꾸지 않는 것이 좋다.

**도전 정신과 용기를 가져야 한다. 완벽한 사람은 없다. 배워가면서 일하면 된다. 이 업무를 원만하게 처리해 상급 상사를 실망시키지만 않으면 자신의 능력을 드러내기에 이만큼 좋은 기회도 없다.** 물론 용기와 자신감이 너무 넘쳐서, 남들의 부러운 시선을 비웃고 안하무인 행동하는 것도 금물이다.

또, 내가 만난 직장인 가운데 의외로 많은 사람들이 이런 경우 자신이 고위 경영진이나 상급 상사와 긴밀하게 의사 소통하고 있다고 착각했다. 상급 상사에게서 직접 지시를 받는 것을 대단한 일로 생각하는 경향이 있었다. 이런 사람들은 임무를 완성하느냐의 여부와 관계없이 동료들과 관계가 원만하기 힘들다.

상급 상사가 당신에게 직접 지시한 것이 꼭 당신을 높게 평가하기 때문은 아니다. 자기 생각대로 업무가 진행되기만 하면, 상급 상사는 지시야 누구에게 하든 별 상관이 없다. 직접 지시를 받았다는 것 때문에 지시 사항을 다른 업무보다 훨씬 중요한 것으로 오해하거나, 동료들에게 이 사실을 과장해서는 안 된다.

### '내 할 일만 하면 그만' 이라는 생각도 좋지 않다

주위 동료들의 곱지 않은 시선과 이런저런 험담에 대해 '모르쇠' 로 일관하고, '내 할 일만 하면 그만' 이라며 임무를 완성하는 것도 그리 좋은 방법은 아니다. 조직의 협동과 단합이 갈수록 더 중요해지고 있음은 차치하고서라도, 또 설령 이 임무를 독립적으로 완성할 수 있다고 해도 이런 태도로 동료들을 대하는 것은 문제가 있다. 지금 당장은 아니더라도 언젠가는 분명히 동료들과 반목하게 될 것이다.

상사의 신임을 얻은 동료에게 부러움을 느끼는 것은 인지상정이다. 하지만, 차분하게 동료들과 교류한다면 이 문제는 자연히 해결될 것이다. 그러나 동료들의 부러움과 질투에 전혀 대응하지 않고 오만한 태도로 동료들을 무시하면 은연 중에 동료들과의 사이에 틈이 벌어지고 자신의 발전에도 걸림돌이 될 것이다.

## 직속상사와의 관계에 특히 신경을 써야 한다

상급 상사에게 특별한 대우를 받았다면 반드시 겸손한 태도를 보여야 한다. **특히 직속상사에게는 어느 부분에선 당신이 이미 위협적인 존재로 느껴질 것이므로 자세를 낮추어 겸손하게 대하고, 모든 공을 직속상사에게 돌리며 자주 도움을 청하는 것이 현명한 방법이다.** 한 사람의 생각에는 분명 한계가 있으므로 직속상사나 경력이 많은 동료의 경험을 빌려 자신의 일에 이용한다면 혼자 힘으로만 일하는 것보다 훨씬 더 큰 효과를 거둘 수 있다.

한 가지 명심해야 할 것은 겸손한 태도로 주변 사람들에게 조언을 구해야 하지만, 어쨌든 최종 결정은 자신이 해야 한다는 것이다. 그 일은 상급 상사가 자신에게 직접 맡긴 일이므로 모든 것을 스스로 책임져야 하고, 또 그 일에 대해 가장 잘 이해하고 있는 사람도 자신이기 때문이다. 직속상사나 경력이 많은 동료는 그저 자신들의 경험을 바탕으로 충고해줄 뿐이고, 당신은 그것들을 취사 선택하여 현재의 일에 가장 적합한 결정을 내려야 한다.

거듭 말하지만, 이것은 생각보다 어려운 일이다. 상급 상사가 맡긴 일을, 직속상사에게 보고한 후, 다른 업무와 충돌이 생기지 않도록 처리하는 것, 그리고 동료와의 관계도 원만하게 유지하는 것은 쉽지 않다. 거꾸로 생각하면, 쉽지 않기 때문에 기회라고 하는 것이다. 이런 기회를 한두 차례 제대로 살린다면, 당신이 예상했던 것보다 더 큰 성과를 얻을 수 있을 것이다.

차이를
만드는
1%

### 상급 상사에게서 직접 지시를 받았을 때

- 먼저 직속상사에게 보고한다
- 이미 맡고 있는 업무에 차질이 없도록 하면서, 지시 받은 업무를 가장 빨리 처리한다
- 직속상사나 다른 동료에게 업무를 넘기지 않는다
- 직접 지시를 받았다고 해서 자신의 권한을 지나치게 크게 생각하거나, 자신의 업무를 특별한 것으로 과장하지 않는다.

# 22

## 동료가 모두 승진하고 혼자 남았을 때

### 한국 직장인 600명에게 물었다

**경력이 비슷한 동료가 모두 승진하고 혼자 남았다면 어떻게 할 것인가?**

❶ 나같이 유능한 인재가 있을만한 곳이 아니라고 생각하고, 더 좋은 회사를 찾는다.

❷ 더 잘하기 위해 노력한다.

❸ 상사와 면담을 통해 원인을 찾는다.

#### 1 : 1 설문조사 결과

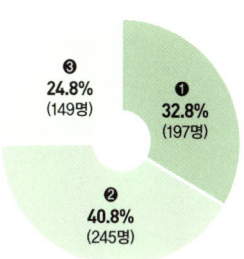

❸
**24.8%**
(149명)

❶
**32.8%**
(197명)

❷
**40.8%**
(245명)

직책이 강등됐을 때와 마찬가지로, 승진에서 누락됐을 때도 더 잘하기 위해 노력하겠다는 직장들이 가장 많았다. 하지만, 직책이 강등됐을 때는 절반 이상이 더욱 노력하겠다고 한 것에 비해서 보면, 많은 직장인들이 직책이 강등된 것보다 승진에서 누락되는 것을 더 큰 문제라고 생각한다는 것을 알 수 있다.

이외에, 9명의 응답자가 '서둘러 사직서를 제출한다' 고 답했다.

아무리 직급보다는 업무가 중요하다지만, 동료들은 모두 승진했는데 자신만 그 자리에 머물러 있다면 기분이 결코 좋을 리 없다. 이런 상황에 닥쳤다면 과연 어떻게 대처해야 할까?

## 가능한 한 **최고 경영진과 대화를** 나누라

의기소침해 하지 말고 곤경에 처하게 된 원인을 찾아야 한다. 능력이 부족한 것일까? 리더십이 부족한 것일까? 아니면 경영진이 오해하고 있는 것일까? 사장이 나의 재능을 발견하지 못한 것은 아닐까? 과연 어떤 것이 자신을 이렇게 만든 원인일지 가만히 돌이켜보고, 결론을 내렸으면 그것에 따라 해결책을 생각해내야 한다.

업무 실적에 문제가 없는데도 승진에서 탈락했다면 경영진의 판단에 문제가 있을 가능성이 크다. 그렇다면 능력이 뛰어남에도 불구하고 상사에게 신임을 얻지 못한 이유가 무엇일지 생각해보자. 상사가 단 한 번도 당신을 주의 깊게 관찰하지 않았다면, 당신이 낸 성과는 번번이 직속상사나 다른 동료에게 빼앗겼을 가능성이 높다. 당신은 자신의 성과를 자기 것으로 만드는 데 소극적이었을 수도 있다. 그렇다면 다시는 남들이 성과를 가로채지 못하도록 대비하고 상사와 친분을 가지도록 노력해야 한다. 이런 사전 준비가 끝나면 가능한 한 최고 경영진에게 직접 자신의 업무 상황을 보고해 자신의 능력을 보여야 한다.

의외로 많은 사람들이 자신의 능력을 알아주지 못하는 것이 경영진의 책임이라고 생각한다. 회사는 사원들의 능력을 알면 알수록 잘 성장할 수 있다. 하지만, 이건 회사의 의무가 아니다. 당신의 능력을 알아줄 의무는 회사에 있지 않고, 당신의 능력을 알릴 이유가 당신에게 있다.


승진에서 누락되어 동료들보다 뒤쳐지는 것은 직장인 상담 사례 가운데에서도 가장 심각한 편에 속한다. 김 과장 역시 내가 만난 직장인 중 자신의 상황에 대해 가장 우울해 하고 스트레스를 받고 있는 편이었다.


김 과장은 스스로를 우수한 인재라고 생각했다. 하지만, 승진에서 번번이 탈락했다. 큰 계약을 하나 성사시켰는데도 다른 동료가 승진을 했다. 그보다 능력이 뒤지는 동료들은 모두 승진을 하는데 자신은 여전히 과장에 머물러있는 상황에 화가 난 김 과장은 사장을 찾아가 이유를 물었다. 그러나 사장은 아무 설명도 하지 않고 그저 열심히 일하라는 말만 할 뿐이었다.
나 역시 김 과장에게 이직할 것으로 권했다. 최고 경영자와 면담까지 마쳤는데, 회사가 승진 누락에 대해 별다른 이유를 제시하지도 않았다면 더 고민할 것이 없었다. 김 과장은 회사를 그만두고 다른 회사로 자리를 옮겼고, 그곳에서도 뛰어난 능력을 발휘해 단 1년만에 부장으로 승진했다.

이 사례는 여기서 끝나는가 했는데, 나중에 김 과장으로부터 전해들은 얘기가 우습기도 하고 기가 막히기도 했다. 김 과장(그때는 김 부장)은 예전 회사의 사장과 업무상으로 만나 거래하다가 친해져서 함께 술을 마시기도 했다고 한다. 어느 날 두 사람이 함께 술을 마시다가 김 부장이 사장에게 물었다.

"예전에 내 능력을 알면서도 왜 승진시켜주지 않으셨나요?"

사장이 겸연쩍어 하면서 대답했다.

"당신 능력이라니…. 그때 그 계약을 당신이 성사시킨 줄 몰랐다네."

● ● ●

정말 많은 직장인들이 회사를 학교로 착각한다. 학창 시절과 마찬가지로 회사는 일정한 인사 평가 틀을 가지고 있으며, 모든 사원에 대해서 빠짐없이 똑같은 기준으로 평가하고 있을 것이라고 생각한다. 회사는 학교가 아니다. **회사에서 쓰는 성적표에는 학교에서 받는 성적표엔 없는 항목이 하나 더 있다. '아직 평가하지 않음'이 바로 그것이다. 좋은 평가를 받는 직장인과 나쁜 평가를 받는 직장인 사이에 많은 사람들이 평가 받지 못한 채로 남아있다.**

연말 인사고과 철이 되면 팀장 이상의 상사들은 대체 무슨 기준으로 인사고과를 해야 잡음이 없을지 며칠을 고민하는 게 많은 회사들의 풍경이다. 그런데, 이런 인사고과에 모든 것을 맡기고 알아서 처리하라고 일언반구도 없는 것은 얼마나 위험한 일인가? 게다가 승진은 절대 인사고과

순이 아니다. 인사고과는 참고 사항일 뿐이다. 승진에서 누락되는 이유가 궁금하다면 찾아갈 수 있는 최고 경영진을 찾아가서 이유를 물어라. 항의가 아니라 질문을 해야 한다.

### 이직 전에 사직하지 말라

승진에서 누락됐을 때, 모든 직장인들이 감정적으로 불안정해진다. 승진에 누락된 것을 권고 사직쯤으로 생각하는 경우도 많고, 바로 사직하는 것이 '깨끗하다'고 생각하곤 한다. 업무가 당신에게 맞지 않고, 그래서 의욕도 생기지 않을 때, 그래서 이 회사에서 발전가능성이 크지 않다고 판단된다면 이직하는 게 낫다. 하지만, 일단 사직한 후에 다른 회사를 알아보겠다고 생각하는 것은 좋지 않다.

사직한 상태에서 옮겨갈 회사를 구하는 것이 이직에 유리하지 않다. 세상의 어떤 회사도 다른 회사에서 좋은 평가를 받지 못한 직원을 좋은 대우로 스카우트하려고 하지 않는다. 게다가 옮겨갈 회사를 구하기 힘들 수도 있다. 사직을 미루고 이직을 서둘러라. 회사를 옮기기 전에 재충전의 시간을 갖고 싶다면, 옮겨갈 회사와 충분히 협의할 수 있다.

### 남기로 했다면 더 노력하라

최악의 선택은, 이직하지 않기로 하고 업무 방식이나 태도는 바꾸지 않는 것이다. 당신의 능력이 모자라거나 자기 홍보가 미숙해서 승진에서 누락됐다면, 회사는 이미 여러 차례 당신에게 경고한 것이다. 회사가 경고할 때 직장인이 선택할 수 있는 것은 정해져 있다. 경고가 부당하다고 생각하고 능력을 펼칠 곳을 찾고 싶다면, 회사를 옮기는 것이다

회사는 많다. 이 많은 회사 가운데 당신의 능력을 원하는 회사가 있을 것이다. 심지어는 당신이 좋아하는 일을 하는 회사를 만들 수도 있다. 당신의 능력이 부족해서 승진하지 못하는 것이라면, 스스로 반성하고 더 발전할 수 있도록 노력해야 한다. 회사를 옮길 생각하지 않고, 그렇다고 능력을 키우거나 태도를 바꿀 생각도 없다면, 당신은 직장인으로서 스스로에게 시한부 인생 판정을 내린 것과 다름이 없다.

차이를 만드는 1%

**옮겨갈 회사를 정하기 전에 사직하지 말라**

- 미리 사직하는 것이 이직에 도움이 되지 않는다.
- 심리적으로 급해지면 자세히 알아보지도 않고 옮겨갈 회사를 결정하게 될 수도 있다.
- 옮겨갈 회사를 찾지 못할 수도 있다.

넷

예측 불허의 상황,
기대 이상의 성과

비즈니스 환경이 급변하고 있다. 회사도 변화한다.

조직개편, 인사 이동이 잦아졌고, 신규 사업으로 진출하거나 기존 사업에서 철수하는 일도 많다.

내일 아침, 출근하자마자 전환배치 발령을 받게 된다고 해도 놀라운 일은 아니다.

예측하기 힘든 상황들에 적절하게 대처하기 위해 생각해야 할 것들은 무엇이 있을까?

# 23

## 대규모 조직개편! 어떻게 할 것인가?

**회사가 감원을 포함한 급격한 조직개편 작업을 시작했다. 어떻게 할 것인가?**

① 할 수 있는 일이 없을 땐 가만히 있는 편이 낫다. 하던 일만 한다.

② 조직개편 시기에 업무를 해봐야 별 의미가 없다. 가능한 한 많은 정보를 모으는 데 집중한다.

③ 회사의 비전에 대해 말할 좋은 기회다. 공식, 비공식 통로를 통해 조직개편에 대한 의견을 말한다.

### 1:1 설문조사 결과

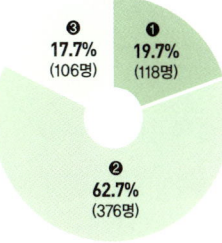

❸
17.7%
(106명)

❶
19.7%
(118명)

❷
62.7%
(376명)

가장 많은 직장인들이 정보를 모으는 데 신경을 쓴다고 답했다. 회사 생활에 큰 영향을 미치는 조직개편에 대한 정보를 얻으려는 건 당연하다. 적극적으로 의견을 말한다는 답변은 많지 않았다. 조직개편에 대해 말할 수 있는 건 중간관리자 이상의 일이라고 생각하기 때문인 듯 하다.

기업 조직은 갈수록 안정성보다는 속도를 중요하게 생각하고 있다. 이전의 조직개편이 회사 구조를 그대로 두고 사람만 옮기는 것이 대부분이었다면, 요즘의 조직개편은 부서를 통째로 없애는 것도 꺼리지 않는다. 구조조정을 위한 감원 역시 예전엔 큰 일이었지만, 요즘은 늘 이루어지고 있다고 해도 과언이 아니다.

구조조정, 조직개편 시기는 이제까지 축적된 역량, 조직원들의 의견을 총동원해서 새로운 틀을 짜는 시기이다. 예전의 회사라면, 이런 상황일수록 눈에 띄지 않고 조용히 자기 하던 일을 하는 편이 회사를 오래 다니는 데에 도움이 됐을지 모른다. 하지만, 요즘의 회사에서는 조직개편과 같은 급격한 변화가 있는 시기에 직극적으로 행동할 필요가 있다.

## 정보의 저수지가 되라

조직개편 시기는 회사 내 쌓였던 의견들이 모두 경쟁하는 시기이다. 회사의 전망을 재점검하고 새로운 방향을 모색한다. 물론, 이런 방향 모색에 대해서 말단사원들까지 정보를 접하고 의견을 제시할 기회는 많지 않다.

경영진은 가능한 한 좁은 범위의 사람들에게 조직개편의 방향을 미리 제시하고 틀을 새로 짜려고 할 것이다. 그 편이 더 효율적이고, 혹시 생길지 모를 회사 내 조직 이기주의를 막을 수 있기 때문이다.

정보가 제한적이기 때문에 정보의 가치가 크다. 가치가 큰 정보에 신경을 써야 하는 게 당연하다. 당신의 직급에서 가능한 한 많은 정보를 모아라. 이런 정보를 모으는 방법은 간단하다. 정보를 가진 사람과 자주 만나는 게 첫째이다. 동료나 상사, 다른 부서에서 업무 상 가까운 사람들, 가능하다면 고위 경영진까지 만나는 기회를 최대한 넓혀라.

그리고, 얻은 정보는 다시 다른 사람에게 전달하지 말라. 급격한 변화의 시기에 경영진에서 가장 신경을 쓰는 것은 정보가 미리 새나가서 개편의 방향이 왜곡되는 것이다. 또, 조직개편으로 피해를 입을 부서나 직원들이 조직개편을 단행하기도 전에 이에 반대하는 것 역시 최악의 상황 가운데 하나이다.

당신은 조직개편의 대상처럼 행동하지 말고, 주체처럼 행동하라. **당신이 경영진이라면, 또 당신이 조직개편을 진행하는 사람이라면 어떻게 할 것인가? 정보를 모으지만 다시 퍼뜨리지는 않을 것이다. 바로 그렇게 행동하라.**

● ● ●

직원 200명 정도의 제조업체에서 일하는 최 팀장은 최근 가장 믿었던 문 대리를 다른 부서로 전환 배치했다. 3개월 전, 회사는 기존 상품의 매출 부진 때문에 조직개편을 단행했다. 신규 상품으로 새로운 시장을 개척하려는 의도도 있었지만, 앞으로 있을지 모를 감원에도 준비하기 위해 평가가 좋지 않은 직원들을 재배치하는 것이 목적이었다.

최 팀장은 팀마다 감원 가능한 직원을 선정하라는 지시가 내려온 후에야 조직개편이 있을 것이라는 걸 알았다고 한다. 자신도 모르는 새에 이미 경영진에서는 최 팀장의 팀에 대해서 협의가 있었던 것을 알고 당황한 최 팀장은 평소에 믿고 있었던 문 대리와 의견을 나누고, 자신도 어쩔 수 없는 선택이라는 것을 얘기했다.

조직개편에 대해 설명할 팀 회의 자리에서 최 팀장은 깜짝 놀랐다. 팀원들은 이미 조직개편의 방향, 심지어 팀원 가운데 누가 예비 감원 대상에 오를지 알고 있었던 것이다. 최 팀장은 생각을 바꾸어 문 대리를 감원 가능한 인원으로 경영진에 보고했고, 곧 전환 배치가 이루어졌다.

● ● ● ●

조직 개편 시기는 민감한 때이다. 이런 시기에 평소와 달리 행동할 필요가 있다. 이 상담 사례에서 문 대리는 조직 개편 정보를 미리 알게 됐고, 곧바로 동료들에게 말을 옮겼다. 우선 공식 발표도 되지 않은 정보를 부하 직원에게 말한 최 팀장도 문제가 없다고 할 순 없다. 하지만, 이런 정보를 소문이 순식간에 도는 팀 안에 퍼뜨린 문 대리의 행동은 그야말로 자기 무덤을 파는 짓이다.

당신이 중요한 정보를 알고 있다면, 이를 다른 사람들에게 얘기하고 싶을 것이다. 뒤집어 생각해보라. 당신이 이미 다른 사람들에게 얘기한 정보는 이제 중요한 정보가 아니다. 중요한 정보를 갖고 싶다면, 정보를 남에게 얘기하지 말라. 당신이 쉽게 얘기하지 않을수록 당신에게 정보를 주는 사람이 늘어날 것이다.

## 정보를 담고 **의견을 뱉어라**

얘기하지 않으려면 정보를 모으는 이유가 무엇인가? 의견을 말하기 위해서이다. 회사의 전망에 대해 의견을 제시하라. 직급이 낮더라도 회사가 발전해가야 할 방향에 대해서는 의견을 말할 수 있다. 당신이 맡고 있는 업무, 시장에 대해 평소보다 넓은 시야를 가지고 의견을 말할 수 있는 것이 조직개편의 시기이다.

회사 내 많은 사람들이 회사의 방향과 자신의 직장생활에 대해 고민할 때 당신의 의견을 말한다면, 당신의 능력을 보여줄 수 있을 뿐 아니라 실현되기도 더 쉽다. 이 의견이 꼭 이번 조직개편과 관련돼 있어야 하는 게 아니다. 그저 '이런 방향이어야 한다'거나, '미래를 준비하려면 이래야 하지 않을까?' 정도의 의견이면 된다. 이야기하는 대상도 꼭 상사나 경영진일 필요가 없다. 동료나 친분이 있는 사람들에게 당신이 나름의 전망을 가지고 있다는 것을 보여줘라.

대개의 직장인들은 정보를 공유하는 데 열심이다. 특히 '누가 해고당할 것'이라거나, '누가 부서를 옮겨야 할 것'이라는 인사 관련 루머를 옮기는 데 신경을 쓴다. 반대로 이런 개편이 회사의 발전 방향과 어떤 관련이 있고, 이것에 대해 어떤 의견을 갖고 있는지 얘기하는 것은 자신의 권한 밖이라고 생각한다.

완전히 거꾸로 돼있다. **지금 당장 관심이 가는 것이 인사와 관련된 사항들이라고 하더라도, 이에 대해 얘기하는 것은 잠시 참아라. 마치 직급이 높은 임원들이 말하고 생각하는 것처럼, 큰 그림에 대해 얘기하는 것이 당신의 직급을 높여줄 것이다.**

## 변화를 스스로 창조하라

변화는 대부분 발생하기 전에 미리 조짐이 나타난다. 현명한 사람이라면 변화가 나타나기 전에 변화의 신호를 포착할 수 있을 것이다. 그렇다면 머지 않아 발생할 변화를 예측하고, 효과적인 조치를 통해 자신에게 손실이 되는 것을 미연에 방지하거나, 그 안에서 이익을 얻을 수도 있다. 기업 내부에서 변화의 신호를 포착했다면, 미리 대처방안을 제시하여 동료와 상사에게 신뢰를 얻을 수 있다.

변화가 출현할 조짐이 보인다면, 그 변화의 방향을 자세히 분석하고, 어떤 방식으로 변화할 것인지 판단하여, 변화가 본격적으로 나타나기 전에 방향을 수정해야 한다. 발전추세를 확실하게 파악해 손실을 줄이고 이익을 얻기 위한 만반의 준비를 갖추고 있다가, 실제로 변화가 나타나면 이를 이용해야 한다.

변화를 예측하는 것보다 나은 것은 변화를 만드는 것이다. 변화를 만들어보려고 시도조차 하지 않는 직장인들이 많다. 한 번의 조직개편, 구조조정을 넘기면, 그때 만들어진 조직 구조대로 일하고 익숙해진다. 그러다가 다음 번엔 다시 당황하고, 상황을 살피려고 분주하고, 불만을 털어놓는다.

'뉴욕 나비의 날개 짓이 베이징에선 강풍을 만든다'는 말이 있다. 아무리 큰 변화라고 해도 시작은 한 사람의 작은 의견, 생각이다. 회사는 최고경영자가 아닌 당신의 작은 의견, 생각이 쉽게 실현되도록 만들어져 있지는 않다. 하지만, 절대로 그렇게 되지 않도록 막는 것도 없다. 급격한 변화의 시기일수록 당신의 의견을 가지는 것이 중요하다.

**차이를 만드는 1%**

조직개편 시기에는 정보의 저수지가 돼라.

- 중요한 정보일수록 동료들과 공유하지 않는다.
- 큰 변화의 시기일수록 당신의 의견을 얘기하라.
- 조직개편 대상이 아니라 주체처럼 행동하라.

# 24

## 상급 상사와 직속상사의 지시가 다를 때

한국 직장인 600명에게 물었다

**상급 상사와 직속상사의 지시가 다를 경우, 누구의 지시에 따를 것인가?**

❶ 더 높은 사람의 말에 따른다.

❷ 직속상사의 말에 따른다.

❸ 의견이 조율될 때까지 기다린다.

### 1 : 1 설문조사 결과

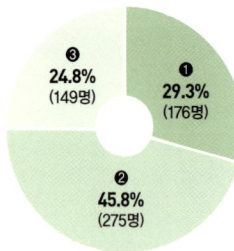

❸ 24.8%
(149명)

❶ 29.3%
(176명)

❷ 45.8%
(275명)

절반 가까운 직장인들이 직속상사의 지시를 더욱 중요하게 생각했다. 회사 내 조직 체계에 따라 일하는 것이 맞다고 생각한 것이다. 상급 상사의 지시에 따르겠다는 의견과 의견이 조율될 때까지 기다린다는 의견이 비슷하게 나왔다.

이미 앞서 말했듯이 고위 경영진 등 상급 상사가 어느 날 갑자기 자신에게 직접 지시를 내렸다고 해서 자신의 능력을 인정받은 것으로 생각하다가 곤란한 지경에 빠질 수 있다. 직속상사로부터 그와 다른 지시가 떨어질 수 있기 때문이다. 이런 경우 어떻게 해야 할까? 도대체 누구의 지시에 따라야 할까?

이 문제를 쉽게 생각해서는 안 된다. '3척 두께의 얼음은 하루 이틀 추위로 만들어진 것이 아니' 라는 말이 있다. 상급 상사와 직속상사의 지시가 일치하지 않는 것은 단순한 문제가 아니다. 이는 회사 내부의 의사소통에 상당한 문제가 생겼음을 의미하는 것이다. 상급 상사와 직속상사 사이에 공감대가 형성되지 못해 각기 다르게 행동하는 것이다.

## 풍파에 끼어들지 말고 **몸을 사려라**

그렇다고, 조급해할 필요는 없다. 누구의 지시에 따르든 어차피 질책 당할 가능성이 있기 때문이다. 반대로, 아무 행동도 취하지 않았다고 질책을 당한다고 해도 책임을 넘길 곳이 있기 때문이기도 하다. 스스로 지킬

줄 모르고 고래 싸움의 중간에 낀 새우 같은 신세가 되면 자신에게 잘못이 없다고 해도 회사를 떠나야 할 수도 있다.

이럴 때에는 완곡하고 이성적인 말투로 직속상사에게 상급 상사로부터 다른 지시를 받아 어떻게 해야 할지 모르겠다고 털어놓아야 한다. 원망하는 듯한 말투는 좋지 않다. **문제를 두 상사에게로 다시 던져서 둘이 해결하도록 하고, 당신은 몸을 빼는 것이 가장 현명한 방법이다.**

## '신문고'를 두드리지는 말라

기업의 조직구도에 따르면, 부하직원은 직속상사의 지시만 실행하면 그만이다. 그러므로 직속상사와 상호 신뢰 관계를 맺어야만 직장생활이 순조로울 수 있다. 직급이 다른 두 상사의 지시가 일치하지 않고, 그 사이에 끼어있다면 우선 직속상사에게 상급 상사의 지시와 다르다는 사실을 완곡하게 알려야 한다. 당신의 생각과 업무에 대해 먼저 알아야 하는 책임과 권한이 직속상사에게 있다. 상급 상사에게 직접 이야기하는 행동은 절대 금물이다. 직속상사에게 피해를 주어 직속상사와 신뢰 관계가 깨질 수 있다.

이때에도 직속상사에게 보고하는 것은 지극히 객관적으로 할 필요가 있다. 당신이 해야 할 일은 단지 업무 상 불일치에 대한 간략한 보고이다. **당신이 상급 상사, 혹은 직속상사의 의견을 대변하거나, 당신의 의견을 이야기할 필요가 없다. 또, 당신이 상급 상사와 어떤 관계가 있음을 암시하는 행동도 지극히 위험하다.** '○○ 이사님께서 지난 번에 이런 지시를 내리셨는데, 아무래도 두 가지 지시를 동시에 진행하기 어려울 듯 합니다' 라고 보고해야 한다. '○○ 이사님은 생각이 다르시던데요?' 라든지, '제 생각엔 ○○ 이사님께서 말씀하신 것처럼 하는 게 나을 듯 합니다' 라고 말하는 것은 위험천만한 행동이다.

## 직속상사에게 **책임을 지우라**

두 상사의 지시가 일치하지 않는 것은 상급 상사가 부하직원을 신임하지 않기 때문인 경우가 많다. 이런 경우 잘못은 상급 상사에게 있다. 말단 직원이 직속상사를 건너뛰고 상급 상사에게 보고할 수 없듯이, 상급 상사도 말단 직원들을 관리하는 중간 관리자를 존중해주고, 지시를 내릴 때에도 각 부서의 관리자를 통해 하달해야 한다.

그러므로 **직속상사가 자기 의견을 고집할 때에는 직속상사의 지시에 따르고, 직속상사가 모든 결과에 책임을 지도록 하는 것이 좋다.** 상급 상사는 일의 결과만을 보고, 처리 과정의 어려움은 이해하지 못하지만, 직속상사는 일의 상황을 비교적 잘 이해하는 경우가 많다.

## 제3자를 이용하라

상급 상사의 의견이 직속상사의 의견보다 낫다고 보이는데도, 직속상사가 자기 생각을 고집할 수 있다. 또, 최악의 경우, 자신의 지시에 따라 부하직원이 일을 처리하다가 일어나는 결과에 대해서는 나 몰라라 하는 경우도 있다. 이런 상황이 예상된다면 제3자를 전략 결정에 참여시켜 직속 상사와 협의하도록 상황을 만들 필요가 있다.

제3자는 직속상사와 같은 직급의 상사 가운데 남을 설득하는 능력이 뛰어나거나 직속상사와 사이가 좋은 사람으로 고르는 것이 성공 가능성을 높이는 방법이다. 이런 시도가 실패하더라도, 적어도 당신이 직속상사와 상급 상사의 지시 사이에서 좀더 나은 방향을 찾고자 노력했다는 사실을 제3자에게 알려둘 수 있다.

차이를
만드는
1%

상급 상사와 직속상사의 지시가 다를 때는
직속상사와 좀더 긴밀하게 행동하라

● 상급 상사의 지시 내용을 있는 그대로 전한다.
● 직속상사에게 바로 보고함으로써 책임을 나눠질 수 있다.
● 직속상사가 자기 의견을 고집할 때에는 직속상사의 의견대로 진행한다.

# 25

## 상사 대신 책임을 져야 할 때

### 한국 직장인 600명에게 물었다

**상사 대신 책임을 져야 할 경우, 어떻게 할 것인가?**

❶ 다른 부서로 가거나 회사를 그만두는 일이 있어도 절대 책임지지 않는다

❷ 다른 사람에게 떠넘긴다.

❸ 다른 선택은 없다. 지시에 따른다.

❹ 적극적으로 나서서 맡는다.

1:1 설문조사 결과

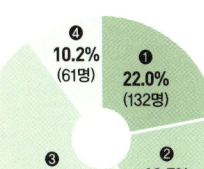

❹ 10.2% (61명)
❶ 22.0% (132명)
❸ 47.7% (286명)
❷ 19.5% (117명)

다른 사람에게 떠넘기거나, 절대 맡지 않겠다는 의견이 40% 정도, 지시에 따른다는 의견이 45%로 비슷하게 나왔다. 직장인 10명 가운데 한 명은 상사의 책임을 대신 떠맡는 데에 적극적으로 나서겠다고 답했다.

이 외에, 응답자 가운데 4명이 '어떤 책임을 져야 하는지 살펴보고 판단하겠다' 고 응답했다.

회사는 회사 안에서 진행되는 모든 일의 결과가 누구의 책임인지 명확하기를 바란다. 그런데, 회사에서 일하는 모든 사람들은 가능하다면 책임을 지지 않고 싶어한다. 또, 책임을 지지 않아도 되는 한 자신의 권한이 크길 바란다. 여기에서 모순이 생긴다. 책임 없는 권한이란 불가능하기 때문이다.

책임을 분명히 하지 않더라도 업무는 굴러갈 수 있다. 누구나 권한은 갖고 싶고 책임은 피하고 싶어하기 때문에, 아무도 명확히 책임지지 않는 상태가 싫지 않기 때문이다. 그런데, 갑자기 이런 업무들의 책임 소재를 따지게 되는 경우가 있다. 결과가 좋지 않았을 경우이다. 업무를 진행할 때엔 책임이 명확하지 않은 것이 아무런 문제도 되지 않았지만, 이 업무의 결과가 좋지 않은 경우엔 누군가 책임을 져야 한다.

이 외에도 성공 가능성이 희박한 신규 사업이나 해결이 어려운 과제도 누군가 책임을 져야 하는 것들이다. 이럴 때 부하 직원이 상사 대신 책임을 져야 하는 일이 생긴다. 어떻게 보면 무척 부당한 일이지만, 이런 상황에 맞닥뜨렸다고 해서 늘 위기에 빠진 것은 아니다.

만약 좀더 많은 권한과 좋은 평가를 원한다면, 이런 경우는 상사의 신임도 얻고, 능력도 발휘할 수 있는 기회가 될 수 있다. 하지만, 무작정 책임을 떠안는 것은 무척 위험하다. 특히 어려운 신규 사업의 경우, 처음 한두 번 정도 실패하는 것에 대해서는 사업의 어려움을 감안해서 후하게 평가할 수 있다. 그러나 이런 실패가 여러 차례 쌓이게 되면 회사는 당신을 믿을 수 없는 사람으로 평가하게 될 것이다. 한 번 낙인 찍힌 후에는 실패가 불가피했던 상황을 설명해도 변명으로 들릴 뿐이다.

## 자신의 가치를 정확히 파악하라

우선 자신의 직위와 위치를 파악해야 한다. 말단사원에 학벌이나 경력이 그리 뛰어나지 않다면 직접 나서서 책임을 맡아야 하는 상황만은 피해야 한다. 그러나, 동시에 당신의 상황이 그렇다면 지시를 거부하기 위해 내놓을 마땅한 카드도 없을 것이다. 이런 경우엔 해당 업무에 대해 언급을 최대한 피하거나 소극적으로 버틸 수 밖에 없다.

어쩔 수 없이 실제 업무를 진행하더라도, 기회가 닿는 대로 이 업무가 정상적인 업무 분장에서는 당신의 책임이 아님을 상사에게 지적하라. 또, 업무 진행의 어려움, 개선점에 대해서 상사와 충분히 의사 소통하라. 말단사원이 어려운 과제에 의욕을 가지고 임하는 것은 회사로서도 환영하는 것이고, 당신의 능력 향상에도 도움이 될 것이다. 하지만, 감당하기 힘든 업무와 책임을 떠안고, **혼자 끙끙대는 것은 회사나 당신 모두에게 도움이 되지 않는다. 당신이 말하지 않으면 회사는 알지 못하고, 알 필요도 없다.**

하지만 스스로 생각하기에 어느 정도 지위가 있고 나름대로 경력이 있다면 자신이 책임을 떠안음으로써 얻을 수 있는 이득이 무엇인지 면밀히 분석해야 한다.

## 신임인가, 퇴출인가

총대를 멜 사람으로 낙점되었다면 그 원인은 두 가지로 나뉜다. 하나는 이용할 만한 가치가 있다고 판단한 것이다. 상사가 총대를 메게 했다면, 그것은 당신을 믿을 수 있다고 생각한다는 증거이다. 그 일을 잘 수행하기만 하면 아마 그 다음은 회사에서 자리를 잡을 수 있을 것이다. 만약 기대했던 성과를 내지 못하는 일이 있어도, 서너 번에 한 번만 성공해도 이익을 볼 수 있다.

반대로, 책임을 지라는 지시를 받았는데, 상사가 자신을 신임하고 있다는 느낌이 들지 않는다면, 이 기회에 당신을 퇴출시키거나 부서에서 내보내려는 것이다. 만약 후자의 경우라면, 상사와 충분히 의사소통해서 불리한 상황을 극복하기 위해 노력해야만 한다. 그러나 '어차피 신임을 얻지도 못했으니 아무리 총대를 메어봤자 나만 손해'라는 생각으로 후다닥 회사를 박차고 나가는 것은 절대 좋은 방법이 아니다. 상사와 여러 이야기를 나누었음에도 불구하고 여전히 당신에게 책임을 미룬다면 불신이 너무 깊은 것이니, 그때 가서 회사를 그만두어도 늦지 않다.

직원 100명의 비상장 기업에 다니는 이 과장은 여러 차례 팀장의 지시로 어려운 업무를 맡아 진행했다고 했다. 팀장은 어려운 일이 있을 땐 이 과장과 그 동료인 김 과장에게 책임을 맡기곤 했다는 것이다. 그런데, 김 과장은 승진 기회를 잡아 신규사업 팀의 팀장으로 옮겨 갔고, 이 과장은 승진 인사에서 누락됐다. 나와 만났을 때, 이 과장은 승진 인사에서 누락된 이유를 알지 못하고 있었다. 이 과장은 자신이 늘 어려운 일을 맡았는데, 이에 대해 제대로 평가 받지 못한 것에 대해 섭섭한 마음을 가지고 있었다.

나는 회사 규모로 볼 때, 승진 인상에서 팀장의 의견이 거의 절대적이었을 것으로 판단했다. 팀장은 이 과장보다 김 과장을 높게 평가한 것이 틀림없고, 여기에는 '어려운 일은 내가 다 했다'는 이 과장의 태도가 문제가 됐을 것으로 예상했다. 나는 우선 팀장과 면담할 것을 권했다.

이 과장이 팀장에게 승진에서 누락된 이유를 묻자, 과연 팀장은 이렇게 대답했다고 한다. "자네는 책임을 맡으면 늘 주변 사람들에게 고충을 토로하고, 불평불만을 입에 달고 다녀서 주변 사람들을 우울하게 만들지. 업무에 자실이 생길 지경이야." 상사의 말을 들은 이 과장은 자신의 태도를 바꾸었다. 힘든 일은 도맡아 하면서 좋은 평가를 받지 못하는 건 억울했기 때문이다.

상사 대신 책임을 지기로 했다면, 그것을 자기 업무로 생각해야 한다. 이 과장은 팀장이 맡긴 일을 충실히 처리했을지는 몰라도, 자기 일로 생각하지는 않았다. 팀장이 맡긴 업무는 본래 자기 일이 아니었고, 그 일로 업무가 늘고 스트레스를 받는 것은 결국 팀장 때문이라고 생각한 것이다. 이것은 상사 입장에서 봤을 때 믿음직한 태도가 아니다. 게다가 상사에게도 할 말이 있다. '그렇게 부담스럽다면 미리 얘길 해서 맡지 않겠다고 해야 하는 게 아닌가?'

상사 대신 책임을 지기로 했고 그 어려움에 대해 상사에게 충분히 얘기했다면, 자기 업무로 생각하고 해내야 한다.

앞선 장에서 말했듯이, 상사들은 예민한 사람들이다. 예민한 이유는, 부하직원들이 어떻게 하느냐에 따라 성과가 결정되기 때문이다. 자신의 미래를 남에게 맡기고 있는 셈이다. **그래서 상사들이 주로 고민하는 것은, 어떤 부하직원이 유능한가가 아니라 그 부하직원을 믿을 수 있는가 하는 문제이다.** 유능하면 믿을 수 있지 않겠냐고? 그렇지 않다. 위의 이 과장의 사례를 다시 살펴보라. 이 과장은 유능할지 몰라도 믿기는 힘든 사람이다. 잘 해내는 것보다 믿음직하게 해내는 게 어떤 것일지 생각해보라.

## 물론, 상사도 총대를 메야 한다

중간 관리자는 고객, 일선 직원들과 가까운 위치에 있기 때문에, 일의 진행 방향에 착오가 있거나 고객들로부터 불만이 접수되면 어쩔 수 없이 고위 경영진이나 사장을 위해 대신 책임을 져야만 한다. 이상적으로 말하면, 중간 관리자가 업무를 수행하는 과정에서 정책이 정확하지 않은 것을 발견했다면, 이를 즉시 경영진에 보고해 수정해야 한다. 이건 이상일 뿐 현실은 이렇게 움직이지 않거나, 움직이더라도 시간이 걸린다. 그래서 회사의 방침이 바뀌지 않는 한 중간 관리자는 자기 의견대로 행동할 수가 없다.

또, 직급에 따라 파악할 수 있는 정보에 차이가 있다. 경영진은 넓은 안목으로 큰 이익을 추구하기 위해 작은 손해쯤은 감수할 수도 있다. 이런 경우 '어리석은 지시'를 수행하는 아랫사람들은 회사 전체의 이익은 제대로 보지 못하고 자신들이 억울하게 총대를 멨다고 생각할 수도 있다.

물론, 고위 경영진이 직접 책임을 지는 일도 적지 않다. 흔한 예로 감원을 실시할 경우, 온갖 비난의 화살은 감원을 지시한 고위 경영진에게로 쏟아진다. 큰 회사의 경우, 이사회가 나서서 쏟아지는 화살을 맞지 않으려 한다면, 대표이사 등 이사진이 총대를 멜 수도 있다.

고위 경영진들은 자주 총대를 메지 않는 것이 회사 전체를 위해서 바람직하다. 그들은 회사라는 거대한 배의 항해 방향을 결정하는 조타수이기 때문이다. 고위 경영진이 툭하면 실제 업무에 뛰어들고 실수에 대해 책임을 진다면, 진행할 수 있는 일이 거의 없을 것이다. 게다가, 부하직원들은 그가 늘 잘못을 저지른다고 생각하고, 그의 리더십에 대한 믿음이 줄어들 것이다.

**그래서, 중간 관리자이든 고위 경영진이든, 어쩔 수 없이 총대를 메야 할 때에는 부하직원에게 책임을 미루어버릴 수 있고, 미루는 것이 당연하다.** 심하게 말하면 '희생양'을 찾는 것이다. 그런 경우 가장 적합한 사람은 누구일까? 바로 평소에 자신이 가장 신임하는 사람일 것이고, 그 일이 일단락되면 그에 대한 보상으로 그를 중요한 자리에 임명할 것이다. 그 다음이 평소 능력을 높게 평가하지 않았던 직원이다. 맡기 싫은 업무와 책임을 그에게 넘기면, 실패할 경우에도 잔인하게 평가할 수 있고, 심지어 맘에 들지 않는 직원과 업무를 동시에 떼낼 수도 있다는 장점이 있다.

### **위기**와 **기회**는 종이 한 장 차이다

위기와 기회는 종이 한 장 차이이다. 종이 한 장 차이일 뿐이지만, 위기는 위기고 기회는 기회다. 모든 위기가 기회가 되는 건 아니다. 책임을 떠넘기는 상사의 의도가 악의적이며 이것을 바꾸기가 불가능하다면 부서나 회사를 떠나는 것이 낫다. 하지만, 기억하라. 종이 한 장 차이는 그리 크지 않다.

짧은 안목으로 보자면, 과도한 책임을 지는 것은 직장생활에 적잖은 스트레스를 준다. 그러나 긴 안목으로 판단한다면, 성과를 올리거나 상사의 신임을 받을 수 있는 기회이기도 하다. 이런 모험이라면 한 번쯤 뛰어들어 보는 것도 괜찮지 않을까?

**유능한 사람보다는 믿음직한 사람으로 평가받아야 한다**

- 상사 대신 맡아서 처리할 수 있는 일인지 다시 한 번 생각해보라.
- 일단 상사 대신 책임을 지기로 했다면, 자기 일로 생각하고 처리한다.
- 상사에게 업무 진행 상황을 자세히 보고하고 긴밀하게 의사소통하라.

# 26

## 연봉이 약속과 다르면 어떻게 해야 하나?

한국 직장인 600명에게 물었다

**새로 옮긴 회사의 연봉이 약속과 다르면 어떻게 할 것인가?**

❶ 연봉은 무척 중요한 문제이다. 시정을 요구하고 받아들여지지 않으면 바로 그만둔다.

❷ 연봉보다는 업무가 중요하다. 굉장히 큰 차이가 아니라면 그대로 다닌다.

❸ 힝의하고 밀 것도 없다. 바로 판무시는 않시만 이식 준비를 시삭한다.

**1 : 1 설문조사 결과**

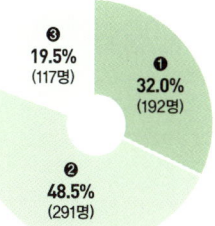

❸
19.5%
(117명)

❶
32.0%
(192명)

❷
48.5%
(291명)

연봉은 무척 중요한 문제이지만, 예상 외로 많은 직장인들이 큰 차이가 아니라면 그대로 다닌다고 답했다. 이직을 준비하거나 바로 그만두겠다는 답변도 절반 정도였다.

두 말 할 나위 없이 연봉은 직장인의 이직에 중요한 변수이다. 원하는 연봉을 제시하고 의견 차이를 좁히는 데에 많은 시간을 쓴다. 그런데, 정작 회사를 옮겨 간 후에 연봉에 대해 불만을 가지는 경우가 있다. 일단, 약속했던 연봉보다 덜 주는 경우가 있다. 또, 연봉 액수는 약속했던 것과 같은데, 이전 회사와 인센티브, 수당, 퇴직금 체계가 달라서 실제 받는 금액이 줄어들 수 있다.

　물론, 옮길 회사의 급여 관련 사항을 모두 확인하고, 연봉 액수에 대해 계약서로 작성하고 이직하면 이런 문제를 없앨 수 있다. 하지만, 직장인들이 첫 대면부터 돈 얘기를 꼼꼼하게 하는 것을 꺼리는 게 당연하다. 새로운 생활을 시작하는 마당에 새 회사에 대해 의욕을 보이는 게 중요하다. 인센티브부터 야근 수당, 특근 수당, 휴가비까지 시시콜콜하게 따지고 싶은 사람은 없다. 하지만, 회사를 옮기고 나서 첫 월급을 받았는데 생각과 다르다면, 기분이 나쁠 수밖에 없다.

## 사직을 생각하라

경영자가 자신이 한 약속을 지키지 않는 것은 결코 해서는 안 될 일이다. 연봉 계약은 아주 기본적인 신뢰와 관계된 문제이다. 이직은 직장인에게 무척 어려운 결정이다. 또, 이직한 지 얼마 되지 않아 다시 회사를 옮기는 것 역시 쉽지 않은 문제이다. 약속한 연봉을 지키지 않는 것은 이런 약점을 이용한 것이기 때문에 참을 수 없는 일이다.

숫자로 정확하게 표시되는 연봉과 관련해서도 약속을 지키지 않는다면, 인사, 조직, 비전처럼 숫자로 표시되지 않는 부분에 대해서 정확할 리가 없다. 말을 바꾸고 적당히 넘어가는 습관이 있는 회사의 전망이 밝지 않은 것은 당연하다. 실제 연봉이 약속 받은 액수와 차이가 나고, 이게 급여 체계의 차이가 아니라 뻔히 약속을 어긴 것이라면 가능한 한 빨리 사직을 검토해야 한다.

연봉과 관계 없이 회사의 전망에 공감하고 그래서 사직하지 않게 되더라도, 일단 사직을 전제로 해서 생각할 필요가 있다. 약속이 지켜지지 않은 것에 대해 경영진과 얘기할 때에도 사직을 전제로 해서 강경하게 얘기하라. **이미 약속한 연봉을 다시 한 번 확인해야 하고, 만약 당장 지켜지기 어려운 사정이 있다고 하더라도 앞으로 이를 보상하는 조치를 취할 것을 미리 협의해야 한다.**

●　●　●

연봉이 무척 중요한 일임에도 불구하고, 쉽게 결론을 내리지 못하는 경우가 많다. 많은 직장인들이 '돈 얘기'를 대놓고 하는 데에 익숙하지 않기 때문이다. 이런 일은 특히 규모가 작은 업체나 신생업체에서 자주 볼 수 있다.

인터넷 쇼핑몰 고객 상담 업무를 맡고 있는 박 팀장은 새로 만들어지는 쇼핑몰로 옮기면서 이전 연봉보다 높은 연봉을 약속 받았다. 하지만, 정작 계약서에 적힌 액수는 약속했던 액수와 달랐다. 연봉 협상을 했던 경영진이 아니라 상사와 얘길 해보니 막 시작하는 회사라 연봉이 협상했던 것과 다르고 이건 상사 자신도 마찬가지라는 답변을 들었다. 상사는 앞으로 연말까지 열심히 하고 다음 해 연봉 협상 때 이를 고려해서 얘기하자고 했다.

상사의 약속을 믿고 한 해를 보낸 박 팀장은 다음 해 연봉 협상 때 곤란한 지경에 빠졌다. 상사는 그 사이 회사를 옮겼고, 회사에서 평가한 박 팀장의 업무 고과도 좋지 않았다. 결국 경력이 그다지 도움이 되지 않는 한 해를 보내고 회사를 옮겨야 했다.

● ● ●

연봉과 관련한 얘기는 모두 이직 때 당신과 협상을 했던 경영진과 직접 해야 한다. 협상한 연봉과 실제 연봉 액수가 다른 상황은 큰 회사보다는 작은 회사에서 일어나기가 쉽다. 연봉과 같은 중요한 사항에 대한 약속을 어길 정도라면 인사 체계가 아직 갖춰지지 않았을 가능성이 크다.

**이런 경우 직속상사, 또는 좀더 상급 상사까지도 당신의 연봉과 관련해서 권한을 갖고 있지 않을 수 있다. 이런 상황에서 직속상사와 협의하는 것은 효과를 기대하기가 어렵다.** 그래서 사직을 전제로 해서 회사와 얘기해야 한다는 것이다. 사직을 전제로 하면, 고위 경영진과 직접 얘기할 수 있을 것이다. 이때 이직 전에 했던 협상을 다시 한 번 확인하라. 회사를 관둘 것인지 계속 다닐 것인지는 그 다음에 결정해도 된다.


## 관두지 않기로 했으면 **잊어라**

회사와 다시 한 번 얘기 했고 사직하지 않기로 했다면, 연봉과 관련한 사항은 일단 잊어버려야 한다. **연봉과 관련된 사항을 계속 신경 쓰고 불평하느라 일을 제대로 못한다면, 회사가 아니라 당신에게 큰 손해이다.**

이런 경우에는 적극적으로 나서서 자신의 능력을 보여주어야 한다. 남들보다 뛰어난 실력으로 업무를 처리하거나, 중요한 거래처를 확보한다거나, 회사 전체의 효율성을 높이기 위한 아이디어를 제공한다거나 하면 자신이 원하는 연봉을 받을 수 있을 것이다. 아직 내보이지 않은 비장의 카드가 있고, 그 회사가 오래 몸담을 만한 가치가 있는 회사라면 이 때가 바로 그 비장의 카드를 내놓기에 좋은 시기이다.


점점 이직이 잦아지고 있지만, 회사를 옮기는 것은 여전히 직장인에게 무척 큰 일이다. 사람마다 이직에 대한 생각이 크게 다를 수 있다. 그러나, 누구나 완전히 새로운 환경에 적응하고 제대로 성과를 낼 수 있을 때까지는 상당한 시간이 걸리고, 그만큼 부담도 크다. 회사를 옮기면서 연봉과 같은 중요한 문제에서 불만족스러운 점이 있다면 직장생활을 만족스럽게 하기 어렵다.

이렇게 중요한 시기에 염두에 둬야 하는 것은 자신의 생각을 솔직히,

또 효과적으로 전달할 수 있는 통로를 확보해야 한다는 것이다. 이직할 때 협상을 했던 경영진일 수도 있고, 업무를 함께 진행하는 사람 가운데 가장 고위직일 수도 있다. 가능한 한 회사 내에서 결정 권한을 갖고 있는 사람과 언제든 의사 소통할 수 있도록 이직 전부터 미리 친분을 쌓아둬야 한다. 회사와 이직 조건으로 갈등을 빚는 것을 두려워할 것이 아니라, 불만이나 생각도 제대로 말해보지 못하고 겉돌다가 회사 생활을 마치는 것을 염려해야 한다.

차이를 만드는 1%

### 연봉이 약속과 다를 때는 사직을 전제로 하라

- 연봉은 중요한 문제다. 회사가 이런 중요한 문제에 대해서도 철저하지 못하다면 사직을 생각해봐야 한다.
- 사직을 전제로 얘기해야 만날 수 있는 경영진 중 가장 권한이 큰 경영진과 협의할 수 있다.
- 사직을 전제로 해야 연봉 문제에 대해 툭 터놓고 얘기하기가 편하다.

# 27

## 동료가 내 아이디어를 자기 것처럼 말할 때

### 한국 직장인 600명에게 물었다

**동료가 당신의 아이디어를 자기 것인 양 발표했다. 어떻게 할 것인가?**

❶ 직속상사에게 보고한다.

❷ 동료에게 따끔하게 경고하고 상사에겐 보고하지 않는다.

❸ 아이디어는 많다. 신경쓰지 않는다

#### 1:1 설문조사 결과

❸
**21.7%**
(130명)

❶
**25.2%**
(151명)

❷
**53.2%**
(319명)

20% 정도를 제외한 직장인들이 아이디어 도용에 대해선 당사자에게 경고하거나, 직속상사에게 보고하겠다고 답했다. 창의성이 중시되는 직장 문화에서 아이디어를 중요하게 생각하고 있는 것을 보여준다.

오늘날 많은 기업들이 '아이디어'를 발전의 필수요건으로 인식하고 있다. 아이디어가 없으면 발전도 없다. 그런데 기업마다 한 팀, 혹은 한 부서가 공동으로 동일한 브랜드의 제품을 만들고 있다. 새로운 아이디어가 있어야만 두각을 나타낼 수 있지만, 책임이 불분명한 상황에서는 자기가 내놓은 아이디어를 눈 뜬 채 빼앗기는 상황이 아주 쉽게 발생할 수 있다. 아이디어는 기획과 다르다. 기획은 실행에 필요한 조건과 예상 결과까지 담고 있지만 아이디어는 그렇지 않다. 그저 술자리에서 농담 반 진담 반의 얘기에서 발전할 수도 있다. 누가 처음 생각해낸 것인지 알기 힘들기 때문에 대개 먼저 보고하는 사람의 아이디어로 생각하기 마련이다. 이런 아이디어를 같이 일하는 동료가 한두 번 먼저 보고하는 거야 참을 수도 있다지만, 상습적으로 도용하는 것은 심각하게 생각해봐야 한다.

## 입 밖에 냈다면, 당신의 아이디어가 아니다

동료가 자기가 내놓은 아이디어를 가로챘다면 냉정하게 마음을 가라앉히고 이제 어떻게 할 것인가를 생각해야 한다. 아이디어라는 것은 누구나

다 생각해낼 수 있다. 홧김에 상사에게 고자질하는 것으로는 상황을 해결할 수 없다. 상사도 그 아이디어가 누구의 것인지 확인할 길이 없고, 확인할 필요도 없기 때문이다. 누가 만들었으면 어떤가!

• • •

다른 사람의 아이디어를 도용하는 사례는, 광고, 홍보 등 아이디어가 중요한 업계보다 오히려 건설, 제조 등 업계에서 많이 일어난다. 광고업계 등 아이디어를 모으고 기획하는 데 익숙한 업체들은 아이디어를 잘 관리하는 반면, 건설, 제조 등 업계에서 일하는 직장인들은 아이디어를 관리하는 방법에 익숙하지 않기 때문이다.

중견 건설회사에 근무하는 손 대리는 사장의 직접 지시에 따라 새로운 광고안을 만드는 중이었다. 손 대리에게는 이전부터 쓰고 싶었던 광고 문구가 있었다. 마침 회사의 신상품과 잘 어울리는 듯 해서, 우선 동료에게 의견을 물었다. 놀라운 일은 다음날 벌어졌다. 팀장과 함께 진행한 기획회의에서 동료가 손 대리의 아이디어를 태연히 발표하는 것이 아닌가!

손 대리는 회의 내내 고민스러웠지만, 아이디어가 자신의 것이고 동료가 이를 도용한 것이라는 사실을 알릴 방법이 없었다. 그렇다고 화를 내자니 기껏 문장 몇 개와 컨셉을 가지고 정색을 하는 것도 우스워 보일 게 뻔했다. 회의 내내 이에 대해서는 한 마디도 못하고, 광고 진행은 동료에게 넘어갔다.

손 대리와 같은 경우, 내가 당장 권할 수 있는 방법은 아무것도 없었다. 아이디어란 원래 그런 것이다.

• • •

아이디어는 쉽게 변질되고, 휘발성이 강하다. 입 밖에 내는 순간, 다른 사람들의 의견이 섞여서 발전해야 하는 것이 아이디어이다. 그런 만큼, 어떤 아이디어인가 하는 것도 중요하지만, 언제부터 어떤 목적으로 발전시킬 아이디어인가 하는 것도 대단히 중요하다. 한 번 입 밖에 냈다면, 이미 당신만의 아이디어가 아닌 것이다. **간단하고도 혁신적인 아이디어일수록 입 밖에 내기 전에 신중하라. 중요하다고 생각하는 아이디어는 여러 명이 참석한 회의 시간에 얘기하라.** 아이디어를 도용당하면, 아이디어를 훔쳐간 동료와 대판 싸우고 싶은 마음도 있을 것이다. 그렇게 하지 못해 속으로 분을 삭이자니 가슴이 쓰릴 것이다. 그러나 그렇게 감정적으로 대응해서는 얻을 수 있는 것이 하나도 없다. 당신이 진지하게 얘기하면, 상대는 오히려 '이만한 일로 호들갑스럽게…' 정도로 대응할 것이다. 또, 이런 고발로 인해 당신이 성격 상의 약점을 드러내고, 다른 동료들도 당신을 멀리하는 결과만을 낳을 것이다.

## 실행하라

대부분의 아이디어는 '번개처럼' 떠오르지만, 아무런 기초도 나타나는 것이 아니라, 이미 머릿속에 쌓여있던 수많은 자료와 데이터가 승화되어 나타나는 것이다. 이를 기획으로 다듬어 실행하려 하면 거쳐야 하는 단계가 한두 가지가 아니다. 누군가 자신의 아이디어를 가로챘다면, 조급하게 생각하지 말고 냉정하게 사고해야 한다. 상사에게 자신의 아이디어가 채택되어야 할 필요성을 설명하기 위해서는 그 배경이 된 수많은 생각과 자료들을 제시해야 하지만, 아이디어를 훔친 사람은 그런 생각을 가지고 있지 못할 수 있다. 설령 나름대로 그 필요성을 생각한다 해도 직접 아이디어를 고안한 사람을 따라올 수 없다. 이것이 아이디어를 그가 직접 생각해내지 않았음을 증명하는 증거가 될 것이다. **누군가에게 자신의 아이디어를 이야기하기 위해서는 사전에 준비가 있어야 한다.** 우선 상사가 그 아이디어를 듣고 내놓을 수 있는 질문을 예상해 그에 대한 답변을 준비하고, 자신의 목표를 뚜렷하게 설정해야 한다. 이렇게 해놓는다면 설령 동료가 아이디어를 가로채 공개적인 회의에서 자신보다 먼저 아이디어를 제안한다고 해도, 그 자리에서 그 아이디어에 대한 다른 생각을 제시하고, 심지어 예견할 수 있는 문제점까지 내놓을 수 있다. 그 후에는 이 아이디어의 타당성을 분석해서, 회사의 전략에 부합하는지, 회사의 재정사항이 뒷받침할 수 있는지 알아본 후, 상사 앞에서 자세한 의견을 피력해 신임을 얻을 수 있다.

## 지구전을 펼쳐라

아이디어가 채택되어 실행 단계로 들어갔다면, 추진 과정에서 원래 아이디어보다 더 좋은 아이디어가 나올 수 있음을 염두에 두고 지구전을 펼칠 마음의 준비가 되어있어야 한다. 자신의 아이디어가 좋은 것이니 반드시 추진해야 한다고 내세울 것이 아니라, 구체적인 장점을 제시해야 한다. 상사 앞에서 자신의 생각과 논리를 체계 있게 설명하지 못한다면 추진하는데 어려움을 겪게 될 것이다. 상사와의 대화에서 쉽게 설득할 수 없다면, 실행 과정에서 자신이 이 아이디어를 충분히 이해하고 있으며, 통제

할 능력을 가지고 있음을 보여주어야 한다. 제품 개선에 대한 아이디어라면, 기획, 제품 개발, 포장, 색상 등 여러 가지를 고려해 그 아이디어에 대해 구체적인 사항도 이미 마련되어 있음을 보여주어야 한다.

물론 회사에게 가장 중요한 것은 이 아이디어를 활용해 성공적으로 신제품을 개발해내는 것이다. 아이디어를 내놓는다고 해서 그것이 모두 성공으로 이어지지는 않는다. 실행 과정에서 얼마든지 기존 계획으로 돌아갈 수 있기 때문이다. 그러므로 길게 내다보는 안목을 가지고, 마지막까지 끈기 있게 노력해야 한다. 걱정하지 말라. 아이디어를 훔친 사람은 이 아이디어를 끝까지 실행할 수 있는 능력이 없다. 앞서 사례로 든 손 대리의 경우에도, 카피 한 줄을 도용 당했더라도, 광고 컨셉, 디자인 등 실행 방향을 제시해서 자기 업무로 가져와야 했다. 당신의 아이디어를 훔쳐간 동료에게 기분이 좋지 않은 것은 당연한 일이다. 하지만, 그렇다고 굳이 거리를 두거나 대립할 이유는 없다. 앞으로도 함께 일해야 할 사람이고, 당신이 입 조심만 하면 해 될 것이 없는 사람이기 때문이다.

**차이를 만드는 1%**

### 입 밖에 내는 순간 아이디어는 당신의 것이 아니다

- 아이디어는 휘발성이 강하다. 좋은 아이디어일수록 개인적인 자리에서 말하지 말라
- 좋은 아이디어가 있다면, 서둘러 구체적인 기획을 만들어라
- 동료가 당신의 아이디어를 도용했다면, 따로 따져봐야 소용이 없다. 아이디어를 가지고 다투지 말고 실행 계획을 세워라.

# 28

## 불가능해 보이는 일을 맡게 됐을 때

### 한국 직장인 600명에게 물었다

**상사가 불가능해 보이는 일을 시킨다면 어떻게 할 것인가?**

① 나뿐만 아니라 회사에도 도움이 되지 않는다. 절대 맡지 않는다.

② 적극적인 태도를 보이는 게 중요하다. 맡아서 처리한다.

③ 다른 사람을 추천한다.

**1 : 1 설문조사 결과**

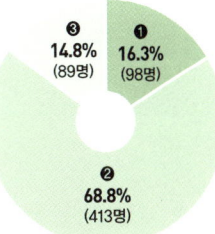

❸ 14.8% (89명)

❶ 16.3% (98명)

❷ 68.8% (413명)

대부분의 직장인들이 어려운 업무에 의욕을 보였다. 어차피 어려워 보이는 일이라면 나서서 맡고, 성과를 못 올리더라도 상사의 신임을 얻을 수 있을 것으로 생각했다.

불가능해 보이는 업무를 지시받는 경우가 있다. 상사로서도 어쩔 수 없는 상황이라는 것은 이해하지만 하필 당신이라는 게 불만스럽기도 하다. 이런 업무를 능숙하게 처리해 보란 듯이 능력을 발휘한다면 그 이상으로 멋진 일이 없겠지만, 제대로 처리하지 못해 오히려 무능한 직원으로 낙인 찍힐까 걱정스럽기도 하다.

### 어려운 일이라는 걸 충분히 말하라

상담 과정에서 느낀 것이지만, 많은 직장인들이 의외로 어려운 업무를 맡는 것을 반긴다. 직장인들이 꺼리는 업무는 어려운 업무보다는 소모적인 업무다. 전망이 없고, 반복적인 업무야말로 기피 대상이다. 어려운 업무를 맡아 성과를 올리려고 하는 의욕은 높이 살 만 하지만, 능력을 인정받기 위해 무턱대고 업무를 받아들이는 것은 매우 위험한 행동이다.

갑작스럽게 새로운 업무가 주어졌다면, 충분히 심사숙고하고, 자신의 능력을 고려해 업무를 맡을 것인지를 결정해야 한다. 혼자서 완성할 수 없는 업무라면, 상사에게 그 일에 대한 자신의 견해와 어려운 점을 정확히 밝히고 지시에 따를 수 없음을 분명히 해야 한다. 어떤 사람들은 능력 밖의 일을 맡으면서 스스로도 충분히 할 수 있는 것으로 오해를 하기도 한다.

**무조건 할 수 있다고 대답하는 것은 적극적인 자세가 아니다. 불가능해 보이는 일은 실패할 수 있다고 미리 충분히 지적해야 한다.** 어려운 일을 떠안고 끙끙대다가 실패하고 나서 책임까지 져야 한다면, 이보다 바보스러운 짓이 어디 있겠는가? 책임을 맡기는 상사는 업무의 난이도를 실무자보다 잘 알기가 힘들다. 심한 경우, 불가능한 일을 맡기면서도 충분히 할 수 있을 것으로 오해할 수도 있다.

지시 받은 업무가 어려울수록, 그 일이 어려운 것이라는 걸 처음부터 차근차근 설명하라. '팀장은 다 알고 있겠지' 라는 생각은 절대 금물이다.

## 갑작스런 업무는 기회다

어려워 보이는 업무와 갑자기 맡겨진 업무는 좀 다르다. 갑작스럽게 업무를 떠안게 되었고 상사도 그 업무가 어렵다는 걸 충분히 알고 있다면, 능력을 발휘할 수 있는 기회를 얻은 셈이다. 장단점을 고루 분석한 후, 충분히 승산이 있다고 판단되면, 상사로부터 인정받는 기회로 만들 수 있다.

＊ ＊ ＊

제조업체의 국내 영업부에서 3년 간 근무한 최 팀장은 승진해야 할 연차가 되었음에도 불구하고 승진하지 못했다. 해외 영업부의 이 팀장이 상사의 신임을 독차지해 최 팀장은 능력을 증명해 보일 기회를 얻지 못했기 때문이다. 이 팀장은 잘생기고, 성격 좋고, 유창한 영어까지 구사해 외국 바이어와의 협상을 늘 성공으로 이끌곤 했다.

최 팀장도 스스로 능력이 있다고 생각하고, 친화력과 순발력이 뛰어나다는 장점을 가지고 있지만, 3년 동안 국내 소형 거래처들만을 상대해 이렇다 할 큰 실적을 내지 못하고 있었다. 그러던 어느 날 중요한 외국 바이어와 협상을 해야 하는데 이 팀장이 갑자기 병이 나서 출근을 하지 못했다. 직원들 중 그 누구도 이 팀장을 대신해 바이어를 만나겠다고 나서지 않았다.

그러자 최 팀장은 능력을 내보일 좋은 기회가 왔다고 생각했다. 영어를 몇 마디 할 줄 알기는 하지만, 오랫동안 영어와는 담을 쌓고 살다 보니 자신이 없었다. 최 팀장은 평소 알고 지내던 이 팀장의 부하직원에게 도움을 청했다. 쉬운 일은 아니지만, 뛰어난 순발력으로 어느 정도 보완할 수 있을 것 같았다. 그래서 최 팀장은 상사에게 자신이 바이어와의 협상에 나서겠다고 자원했다.

협상에서 이 팀장의 부하직원이 통역을 맡았다. 눈치 빠른 최 팀장은 바이어가 현재 급하게 제품을 수입해야 한다는 것을 알고 가격을 본래 가격에서 30%나 높게 제시했다. 바이어가 어쩔 수 없이 가격조건을 받아들이자, 최 팀장은 단골 고객이니 특별히 깎아주겠다며 본래 가격보다 20% 높은 가격으로 거래를 성사시켰다. 바이어도 저렴한 가격에 계약한 것으로 생각하며 기쁜 마음으로 돌아갔다. 최 팀장으로 인해 큰 이득을 얻게 되자, 상사는 그의 능력을 인정하게 되었다.

● ● ●

상사가 갑작스럽게 업무를 맡긴다면, 가능한 한 적극적으로 맡는 것이 좋다. 예정에 없던 업무 처리가 쉽지 않다는 건 상사도 알고 있다. 또, 해낼 수 있든 그렇지 않든 누군가는 해내야 한다. 이런 경우엔, 꼭 자신의 **능력만으로 해결해야 하는 것은 아니다.** 원래 예정됐던 것만큼 잘 처리해야 하는 것도 아니다. 최악의 경우에도 상사를 돕는 데에 적극적이었다는 것은 분명한 사실로 남는다.

갑작스럽게 생긴 상황으로 위기에 빠진 상사를 구하라. 당신의 능력 이상으로 평가받을 수 있을 것이다.

차이를
만드는
1%

*어려운 일은 어렵다고 충분히 말해야 한다.*

- 자신의 능력을 과신하지 말라.
- 갑작스레 맡겨지는 업무는 가능한 한 맡아서 기회로 삼아야 한다.
- 맡든 그렇지 않든, 버거운 업무는 어떤 점에서 어려운지 상사에게 충분히 설명하라.

# 29

## 루머의 주인공이 되었을 때

### 한국 직장인 600명에게 물었다

**누군가 나에 대한 좋지 않은 소문을 퍼뜨리고 다닌다면 어떻게 대처할 것인가?**

① 가능한 한 공식적인 경로를 통해 해명한다.
② 루머를 퍼뜨리는 사람을 따로 만나 따끔하게 얘기한다.
③ 동료, 직속상사 등에게 시간 날 때마다 해명한다.
④ 애써 해명해봐야 나만 우스워진다. 무시한다.

**1 : 1 설문조사 결과**

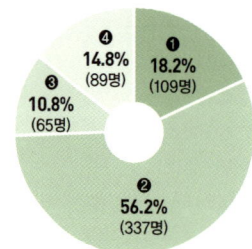

④ 14.8% (89명)
① 18.2% (109명)
③ 10.8% (65명)
② 56.2% (337명)

60% 정도의 직장인들이 루머를 퍼뜨리는 데 대해서도 따로 만나 얘기하는 편을 택했다. 공식 경로를 통해 해명하겠다는 의견과 무시하겠다는 의견도 상당히 나왔다.

개인적으로는 아무 관계가 없는 사람들이 하루 종일 함께 일하고 부대끼다 보면 별의별 일이 다 생긴다. 사람들이 있는 곳에 소문이 빠질 수 없다. 회사에도 개인적인 일, 업무와 관련된 일 구분 없이 헛소문이 돌게 마련이다. 회사에서 일하는 거의 모든 사람들이 소문의 주인공이 되기도 하고, 소문을 만들거나 퍼뜨리기도 한다.

헛소문에 시달리는 것은 직장생활에 심각한 영향을 미친다. 내가 상담한 직장인 가운데 스트레스를 가장 많이 받는 사람들은, 이 헛소문에 시달리는 사람들이었다. 헛소문의 소재도 다양해서, 업무 능력, 상사와의 관계, 업무 태도처럼 직장생활과 직접적으로 연관된 경우도 있고, 남녀 관계, 재정적인 문제, 가정사 등 지극히 개인적인 일까지 다양하다. 특히, 조직개편, 업무 고과 등 인사와 관련한 일이 진행 중일 때 헛소문이 더 무성하다.

### 진지하게 생각하되, 진지해 보이지는 말라

일단 당신과 관련된 유언비어가 떠돌고 있는 것을 알게 되면 화가 나서

곧장 반박하고 싶을 것이다. 그러나 절대로 이렇게 해서는 안 된다. 이렇게 해서는 상황을 더욱 힘들게 만들 뿐이다. **그 유언비어가 아무런 근거도 없이 날조된 것인지, 그 배후에 당신이 연루된 사건이 조금이라고 관련되어 있는 것이 아닌지 곰곰이 생각해보아야 한다.** 즉시 반성하고, 만약 잘못이 있다면 그 자리에서 고쳐야 한다. 하지만, 이 역시 사과하거나 동료들에게 이야기해서는 안 된다.

소문이 가장 큰 파괴력을 지니는 경우는, 그것이 진지하게 받아들여지는 경우이다. 진지하게 받아들여지지 않는 소문은 그저 농담거리에 지나지 않는다. 소문의 주인공이 됐을 때, 당신이 해야 할 가장 중요한 일은 그것이 진지하게 받아들여지지 않도록 하는 것이다. 우선, 당신 스스로도 소문을 진지하게 받아들이는 모습을 보이지 말라. 소문만으로 해고당하거나 강등되거나 감봉 처분을 받는 경우는 없다.

●　●　●

김 팀장은 직원이 100명이 되지 않는 회사의 3년차 직원으로, 입사 직후부터 사장으로부터 신임을 얻고 있었다. 과중한 입무로 야근을 밥 먹듯 하는 상황에서도 김 팀장은 아무런 불평불만 없이 열심히 일했다. 그런데 너무 오랫동안 바쁜 업무가 계속되다 보니 다른 팀장들과 대화를 나눌 시간이 줄어들어 점점 서먹서먹해져서, 나중에는 친해지고 싶어도 어떻게 다가가야 할지 난감한 상황이 되고 말았다.

그리고 점점 사이가 소원해지더니 다른 팀장들이 그를 은연 중에 경계하기 시작했다. 그러던 어느 날 아침, 출근한 김 팀장이 컴퓨터를 켰는데 이

메일이 한 통 도착해있었다. 동료 팀장이 다른 팀장에게 이메일을 보낸다는 것이 잘못해서 김 팀장에게까지 전달되었던 것이다. 이메일은 그와 사장의 관계를 비꼬는 내용이 포함돼있었다. 김 팀장은 화가 머리끝까지 나서 그날 하루 종일 분을 삭일 수 없었다. 그런데 그 다음날 출근해보니 김 팀장에 대한 갖가지 헛소문이 온 회사에 파다하게 퍼진 것이 아닌가. 물론 그 소문들은 고스란히 김 팀장의 귀로 들어왔다.

그날 밤을 뜬 눈으로 새운 김 팀장은 내게 상담을 요청했다. 내 해결책은 대단히 단순했다. '평소보다 좀더 쾌활하게 지내려고 노력하고, 일을 좀 덜 하더라도 동료들과 어울리라' 는 것이었다. 김 팀장은 다음날 아침 사무실에 들어서면서 웃는 얼굴로 팀 동료들에게 인사를 건네고, 점심 시간에서 함께 식사를 한 후 잡담도 나누었다. 또 저녁에도 야근을 포기하고 동료들과 함께 어울려 회식을 했다. 그의 이런 노력에 힘입어, 얼마 후 그를 둘러싼 악성 유언비어는 모두 자취를 감추었다고 한다.

• • •

회사 내 소문의 실체는 편 가르기이다. 소문의 내용을 퍼뜨리는 것이 목적이 아니고, 소문을 얘기하는 사람들끼리 은밀한 동료의식을 느끼는 것이 목적이다. 소문의 내용을 정정하려고 하지 말고, 은밀한 동료의식을 느끼는 사람들 속으로 들어가라. 그들이 당신을 받아들이거나, 적어도 그들과 다른 편의 사람으로 생각하지 않는다면 소문은 퍼질 수가 없다. 사람은 망각의 동물이다. 자신을 돌아보고 반성하고, 동료들과 어울리기 위해 노력한다면 시간이 지나면 헛소문 따위는 모두 잊혀질 것이다.

소문은 상처와 같다. 신경을 쓰고 자꾸 만지면 덧나고 더 심해진다. 사람들의 심리는 묘하게도, 이렇게 덧나고 심해진 상처에 더 시선이 간다. 결국 더 많은 사람들이 이 상처에 신경을 쓰게 되고 상처는 더 심해진다. 이렇게 해서 소문이 더 큰 문제가 되는 악순환이 시작되는 것이다. 위 상담 사례의 김 팀장도 자신에 대한 소문을 무시하기가 어려웠을 것이다. 하지만, 처음부터 제대로 해야 한다. 그래야 아직 문제가 되지 않았을 때 악순환을 막을 수 있다.

## 상사에게만 해명하라

이런 소문 가운데에서 해명이 필요한 경우가 있다. 도덕적으로 문제가 되는 소문들이다. 업무 상 부당한 이익을 취했다거나, 인간 관계에 문제가 있다는 소문은 해명할 필요가 있다. 하지만, 이 경우에도, 처음 이 말을 꺼낸 사람을 찾아내 항의하거나, 공개적으로 해명할 필요는 없다.

**헛소문을 처음 들었을 때, 상사에게만 해명하라. 결국 회사 내 소문이 당신의 경력이나 회사 생활에 영향을 미치는 경우는 상사가 이를 사실로 생각하는 경우뿐이다.** 아직 회사 전체에 퍼지지 않았다고 생각되더라도 상사에겐 미리 언급해둬야 한다. 이런 언급 역시 굳이 굳은 표정으로 개인 면담을 요청한 후 침통하게 말할 필요가 없다. 그저 점심 시간이나 다른 업무 얘기를 하기 전에 언급해두는 것으로 충분하다. '제가 거래처에서 돈을 받았다는 얘기가 있는데, 참 어처구니가 없습니다' 라든지, '쓸데 없이 남 가정사까지 관심을 가지는 사람들이 있더군요. 제가 바람을 피운다고 누가 그랬다는데요' 정도로 얘기해둬라.

헛소문으로 가장 큰 피해를 입는 경우는, 그 소문이 은연 중에 사실일 수도 있는 얘기로 알려지는 경우이다. 특히, 상사가 그렇게 생각하게 되는 것은 막아야 한다. 상사가 당신의 해명을 들어보지도 않고 이를 사실로 생각하는 경우는 더욱 그렇다. 상사에게 소문에 대해 미리 얘기를 해두면, 적어도 상사가 당신의 해명을 듣지도 않고 판단하는 일은 피할 수 있다.

차이를
만드는
1%

### 헛소문에 대해 일일이 해명하지 말라

- 헛소문에 대해 진지한 태도를 보이지 말라. 진지하게 받아들여지지 않은 소문은 그저 우스개소리에 불과하다.
- 심한 헛소문에 대해서는 상사에게만 넌지시 보고하고 설명해둬라.
- 헛소문이 나는 데에는 당신의 책임도 있다. 동료들과 어울리도록 노력하라.

# 다섯

## 평범함에서 비범한 결과 만들기

당신의 능력이 남들보다 크게 뛰어나지 않다고 해서 실망할 일은 아니다.

평범하다는 것은 평균만큼은 된다는 뜻이고,

세상 사람들의 절반쯤은 당신보다 못하다는 뜻도 된다.

이 평범함에 몇 가지 챙겨야 할 것들을 챙겨 넣으면….

평범함에서도 얼마든지 비범한 결과를 만들어낼 수 있다.

# 30

## 사무실에서 어떻게 고충을 털어놓아야 하나?

### 한국 직장인 600명에게 물었다

**상사나 동료를 험담하고 싶은데 누가 들을까 걱정된다면 어떻게 할 것인가?**

❶ 남들이 들을까 걱정되는 험담은 아예 입 밖에 내지 않는다
❷ 동조해줄 만한 동료를 찾아 이야기한다.
❸ 회사 밖 친구를 만나 신세 한탄을 한다.

#### 1:1 설문조사 결과

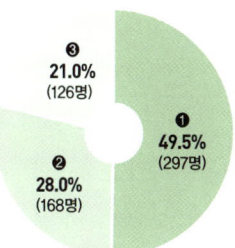

❸
**21.0%**
(126명)

❷
**28.0%**
(168명)

❶
**49.5%**
(297명)

절반 정도의 직장인들이 아예 말하지 않는다고 답했다. 나머지 절반은 험담을 하긴 하는데 대상을 가려 말하겠다고 답했다. 동조해줄 만한 동료를 찾아 험담하겠다는 사람이 28%, 회사 밖 친구를 만나겠다는 사람이 역시 25% 정도였다.
응답자 가운데 6명이 '험담 대상을 찾아가 직접 얘기한다'고 답했고, 3명이 '문제가 있다면 공식 경로를 통해 얘기한다'고 답했다.

직장생활을 하다 보면 누구나 좌절을 경험하고, 그럴 땐 우울한 심정을 주변 사람들에게 털어놓는 것이 인지상정이다. 그러나 고충을 털어놓을 때에도 기술이 필요하다. 당신이 푸념하며 말한 내용이 당사자의 귀에 들어간다면 서로 감정이 상할 뿐만 아니라, 회사 생활에 심각한 피해를 입힐 수도 있다.

## 휴지통은 멀리 둬라

회사에 막 입사한 신입사원이 상사에게 질책을 당한 후 선배 사원에게 울분을 털어놓는다면, 이처럼 바보 같은 일이 없다. 그 자리에서는 맞장구를 쳐주던 선배 사원이 돌아서서는 그 내용을 고스란히 상사에게 전해서 상사와의 관계가 더욱 악화될 것이다. 이렇게 되면 당초 3개월 감봉으로 끝나려던 징계가 해고로 강화되어 회사를 그만두어야 할지도 모른다.

**회사 내의 세력 구도나 인간 관계에 대해 제대로 파악하지 못했다면, 자기 업무와 관계된 사람에게 고충이나 울분을 털어놓아서는 안 된다.** 이것은 대화 상대가 먼저 험담을 하더라도 마찬가지이다. 또, 당신과 마찬가지로 평소에 상사로부터 질책을 받던 동료도 물론 여기에 포함된다. 함께 험담했다고 하더라도 상사를 개인적으로 만났을 때 당신에 대해 무슨 말을 할지 장담할 수 없다. 답답한 마음에 무심코 쏟아낸 푸념이 상대에게는 당신을 공격하는 수단이 될 수도 있다.

단순히 회사 생활에서 받은 스트레스를 푸는 것이 목적이라면, 회사 사람이 아니라 가족이나 주변 친구들에게 털어놓는 것이 가장 좋다. 온갖 쓰레기를 담아둘 휴지통은 뚜껑이 열려 쏟아질 일이 없는 것으로 골라서, 멀리 두는 것이 좋다. 험담도 그렇다. 자기 업무와 이해 관계가 없는 사람들, 다시 회사로 누설될 일이 없을 사람들에게 털어놓아야 그 말로 인해 불이익을 당하는 일이 발생하지 않는다.

## 험담은 전염성이 강한 여론이다

하지만 그 어떤 말도 하지 않아야 하는 것은 아니다. 의견을 발표해야 할 때에는 자기 의견을 얘기하는 것이 하다못해 정신 건강에도 좋다. 이는 사적인 공간에서도 마찬가지이다. 중요한 것은 적절한 때를 포착하는 것이다. 적절한 장소와 시간을 골라 비판적인 의견을 밝히는 것은 회사 내 여론을 형성하는 데 중요한 도구이다.

● ● ●

지방 방송국에서 일하는 문 과장은 평소 본부장에 대해 불만이 많았다. 본부장의 업무 처리 방식 전반에 대한 불만이라서 회의 시간에 얘기하기 힘든 부분이 있었고, 감정적으로도 무척 견디기 힘들었다. 그래서, 자연스레 동료들에게 본부장에 대한 의견을 말했고, 동료들 역시 이에 동의했다. 그러다 보니 동료들과 본부장 험담을 하는 게 일상적인 일이 됐다.

결국 이런 험담이 팀장 귀에 들어가고, 문 과장이 불려갔다. 문 과장은 "많은 동료들이 그런 얘기를 하는 것을 들은 적이 있고, 사실은 저도 그 의견에 동의하는 점이 많다"고 말했다. 이후로 팀장은 본부장과 팀원들 사이에서 의견을 조율하는 데에 더욱 신경을 쓰게 되었다.

● ● ●

이 사례에서 문 과장이 적절히 행동한 것은, **첫번째, 고충을 늘어놓을 대상으로 의견이 같은 동료들을 선택했다는 점이다. 두번째, 팀장에게 불려갔을 때 당황하지 않고 자기 의견을 돌려 말한 것도 적절한 행동이다.**

회사 안에서 누군가의 험담을 늘어놨다면, 언젠가는 당신이 한 말이 당신에게 돌아올 것이다. 당신의 의견에 동의하는 사람들이 당신의 험담에 맞장구를 치는 것이라면 아무런 문제가 없다. 하지만, 상사나, 심할 때는 당사자의 귀에까지 들어가는 경우에는 문제가 다르다. 이런 경우엔 당황하지 말아야 한다. 당신이 한 험담에 대해서 섣불리 사과하는 것도 문제를 심각하게 만든다. 험담에 대해 당신의 책임을 인정하는 것으로 보일 수 있다.

험담은 도덕적으로 완성된 사람들은 하지 않는 짓이라고들 한다. 하지만, 회사란 도덕적으로 완성된 사람들만 다닐 수 있는 곳이 아니다. 또, 도덕적으로 완성된 사람들이 다니는 회사가 좋은 회사인 것도 아니다. 사람이 살다 보니 험담은 있게 마련이고, 사실을 심각하게 왜곡하지 않았다면 같이 일하는 사람에 대해 부정적인 평가를 내리는 것도 이해할 수 있는 일이다.

상사나 당사자가 당신의 험담에 대해 추궁한다면, 위 사례의 문 과장처럼 당신과, 당신의 의견에 동의하는 많은 사람들의 생각이라는 것을 충분히 밝혀라. 당신이 주도적으로 헐뜯었다고 말하는 것은 어처구니 없는 짓이다. 이렇게 당신의 생각, 동료들의 생각에 대해 인정할 것을 인정하고 얘기하는 것이 그런 얘기 한 적 없다고 딱 잡아떼는 것보다 조직에도 도움이 될 것이다.

## 절대 해서는 안 될 말이 있다

잘 조정하면 여론을 만들 수 있는 게 험담이지만, 해서는 안 되는 말이 있다. 동료나 상사의 부부 문제나 사생활 등 프라이버시에 대한 문제는 충돌을 야기하기 쉽고 관계 회복도 불가능하다. 회사가 공식 발표하기 전인 기밀이나 상사나 동료의 연봉 문제 등 예민한 문제는 징계나 법적인 문제까지 일으킬 수 있다. 경영진과의 개인적인 은원관계 역시 함부로 입 밖에 내어서는 안 된다. 동료들에게 따돌림을 당할 수 있다.

실수로 해서는 안 될 말을 했다면, 적극적으로 나서서 만회해야 한다. 앞에서 말했던 신입사원의 경우, 억울한 점이 있다면 나중에 선배 사원에게 불만을 토로하기 보다는, 미리 상사에게 이야기하고 자신의 생각을 분명히 밝혔어야 한다. 상사에게 밝힌 후에 선배 사원에게 말했다면, 선배 사원이 그 사실을 상사에게 말하더라도 상사도 이미 알고 있는 내용이므로 전혀 문제될 것이 없었을 것이다.

### 말하기 전에 **부작용을 생각하라**

불만을 털어놓고 험담을 하는 것은 단순히 스트레스 해소용으로도 효과가 괜찮다. 공공연한 말이지만, 술자리에서 험담을 빼면 직장인이 할 말이 얼마나 되겠는가? 어차피 늘어놓을 불만이나 험담이라면, 불만을 털어놓을 상대를 신중하게 골라서 편하게 애기하는 게 백 번 낫다

**적당한 상대를 찾지 못했다면, 집이나 회사 밖 친구들에게 불만을 가져가서 버리고 오라. 아니면, 회사 안에서 최소한 가치관이 비슷한 사람이라도 찾아야 한다.** 그러나 어떤 경우든 말하기 전에 그로 인해 초래될 부작용을 예상하는 것이 좋다. 부작용을 예상해둬야 만일의 경우에 적절히 대응할 수 있기 때문이다.

차이를 만드는 1%

**험담해야겠다면 때와 상대를 가려서 해라.**

● 회사 기밀, 연봉, 동료의 사생활은 이야기 소재로 삼지 말라.
● 험담이 언젠가 되돌아올 때를 충분히 생각해둬라.
● 적어도 회사나 부서가 익숙해질 때까지는 험담을 삼가라.

# 31

<h1 style="text-align:center">상사와 연간 실적을 평가할 때</h1>

## 한국 직장인 600명에게 물었다

**직속상사와 연간 실적을 평가할 때 중요한 것은 무엇이라고 생각하는가?**

❶ 연간 업무 중 성과가 있었던 것에 대해 평소에 미리 얘기해두는 것이 중요하다.

❷ 업무 성과를 입증할 수 있는 자료를 모아두는 것이 가장 중요하다.

❸ 연간 업무 중 성과가 좋지 않았던 것들을 함께 얘기하는 게 신뢰성에 좋은 영향을 미친다.

### 1 : 1 설문조사 결과

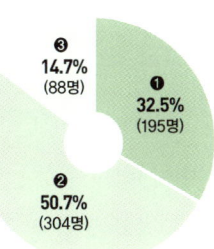

❸
**14.7%**
(88명)

❶
**32.5%**
(195명)

❷
**50.7%**
(304명)

절반 이상의 직장인들이 미리 자료를 모아두는 게 중요하다고 답했다. 또, 평소에 미리 자신의 실적을 홍보해두는 게 필요하다는 의견도 많았다. 연간 실적에 대한 평가는 1년 내내 진행된다고 생각하는 직장인들이 거의 대부분인 셈이다.

설문 문항 가운데 가장 많은 기타 답변이 눈에 띈다. 7명이 '깔끔한 발표 자료를 만드는 것이 중요하다'고 답했고, '신뢰할 만한 수치를 제시하는 것이 가장 중요하다'는 답변이 4명, '팀 전체가 참석한 공식적인 자리에서 함께 평가하는 것이 중요하다'는 답변이 2명이었다.

연말에 실적을 평가해야 할 시기가 되면 많은 직장인들이 고민에 빠진다. 실적에 대해 상사와 어떻게 이야기해야 할까?

### 당신의 1년은 얼마짜리였나?

자기 홍보, 실적 협상에 게으른 직장인들이 너무 많다. 1년 내내 다른 업무로 바쁘다가 정작 자신의 이익과 직결된 문제에선 '알아서 하시오' 식으로 준비도 없이 임한다. 적어도 자신이 진행한 다른 프로젝트나, 업무만큼 신경을 써라. 직접 꺼내 보일 일이 없을 것 같아도, 연간 실적 발표 자료는 반드시 준비해야 한다.

이때 실적은 숫자여야 한다는 것을 명심하라. 브랜드 홍보 효과, 분위기 쇄신, 업무 효율 증대와 같이 숫자로 말하기 힘든 항목은 맨 뒤에 써넣어야 한다. 중요한 것은 비교가 가능하고 확실한 숫자다. 실적과 관련된 숫자를 가장 돋보이는 방식으로 정리하라. **'전년 대비 60% 향상'**, **'연간 3억원 절감 효과'** 등 문구는 연간 실적에 반드시 들어가야 할 문구들이다. 회사는 당신의 1년이 얼마짜리였는지 궁금하다. 회사의 이 질문에 대답해야 한다. "당신의 1년은 얼마짜리입니까?"

연간 실적은 업무 성과를 증명하는 매우 중요한 요인이자, 직장인들이 수익을 증대시킬 수 있는 중요한 방법이다. 상사와 연간 실적에 대해 이야기를 나눌 때에는 자신의 업무 성과를 입증할 수 있는 증거들을 충분히 확보해야 한다. 상사나 자신의 기억력에만 의존해서는 절대로 정확하게 파악할 수 없으며, 문서 형식으로 기록해야만 상사에게 자신의 업무 성과를 증명할 수 있다. 문서는 말과 비교할 수 없을 만큼 신뢰감을 주며, 상사에게 꼼꼼한 직원이라는 인식을 심어주는 효과까지 거둘 수 있다.

인사팀을 예로 들어보자. 만약 올해 승진할 수 있는 인원이 20명이고, 80명과 면담을 했다. 면담한 상대와 시간, 경력 및 면담결과를 상세하게 기록하여 실적 평가 시에 제출한다면, 상사는 당신의 연간 실적을 빠짐없이 평가할 뿐만 아니라, 개인적인 감정을 개입시키지 않고 객관적으로 평가할 수 있을 것이다. 또한 상사가 당신의 실적에 만족하지 못한다면, 그 증거를 가지고 상사를 설득하거나, 문제를 해결할 수도 있다.

## 작은 실패를 먼저 인정하라

또, 업무를 진행하면서 예상보다 실적이 좋지 않았던 경우가 있을 것이다. 작은 실패를 먼저 인정하라. 뒤이어 제시되는 당신의 성공과 가치가 더욱 돋보일 것이다. 실적을 평가하는 과정에서 상사가 업무 시간에 잡담을 한다는 등의 당신의 작은 단점들을 지적할 수도 있다. 무척 당황스러울 테지만, 상사가 이렇게 평가한다면 이를 우선 인정하라. **이런 사소한**

일들을 해명하느라 1년에 한 번 있는 실적 평가 시간을 낭비해서는 안 된다. 해명은 나중에 해도 늦지 않다.

회사는 신년 초에 각 직원들에게 그 해에 달성해야 할 목표를 설정해준다. 연말에 실적을 평가할 때 자신에게 주어진 목표를 달성하지 못했다면, 당초의 목표 자체에 문제가 있는 것일까, 아니면 자기 능력이 부족한 것일까? 상사와 부하직원이 토론하는 것이 바로 그 원인을 규명하기 위함이다. 만약 자기 능력이 문제가 있었다면 부족함을 인정하고 자기 계발을 통해 업무 효율을 제고하겠다고 말하면 된다. 어설픈 변명이나 부인보다는 이렇게 솔직한 태도가 오히려 상사에게 좋은 인상을 줄 수 있다.

## 큰 성과를 전망과 함께 말하라

기업이 직원들의 연간 실적을 평가하는 목적은 직원의 과실을 지적해 징계하는 것이 아니라, 직원들이 적극적으로 일할 수 있도록 동기를 부여하는 것이다. 또, 회사와 직원이 어떤 상황에 있고, 앞으로 어떻게 해야 하는지를 공유하는 자리이기도 하다. 당신의 성과를 홍보하는 한 편, 회사의 발전 계획을 살피는 자리로 이용해야 한다.

우선 당신의 한 해를 한 문장으로 표현하라. '갖가지 신규 사업들의 기반을 다진 한 해'라든지, '본격적으로 매출 신장에 나선 시기'로 규정짓고 이를 내년의 업무 계획과 연관 지어 제시하라. 올해가 신규 사업의 기반을 다진 한 해였다면 내년은 본격적으로 성과를 내야 하는 한 해다. 올해 본격적인 매출 신장이 있었다면, 내년엔 시장 지배적 위치로 올라가기 위한 구체적인 계획이 나와야 한다.

성과와 전망을 간략하게 정리해서 전달하라. 당신이 당신의 업무를 완전히 파악하고 있으며, 나름의 계획을 가지고 일을 하고 있다는 걸 보여줄 수 있을 것이고, 당신의 업무에 대해 의욕을 가지고 있다는 것도 충분히 보여줄 수 있을 것이다.

언제 어떤 상황에서나 확실한 호소력을 갖는 것이 숫자와 이야기이다. 앞서 말한 것처럼 연간 실적을 평가하는 자리에서도 이 숫자와 이야기를 명심해야 한다. 실적 평가 시간 동안 숫자만 나열하는 경우가 있는가 하면, 근거는 밝히지 않고 업무 진행 내역만 보고하는 경우가 있다. 이 두 가지를 섞는 것이 그리 힘든 일이 아니다. 실적을 명확히 드러내는 숫자를 밝히고 이 숫자의 의미를 얘기한다. 실적의 의미까지 얘기했다면, 내년의 목표와 전망은 자연스레 도출된다.

이렇게 숫자와 이야기가 적절하게 섞인 실적 발표를 시도해보라. 당신이 예상했던 것보다 훨씬 큰 효과를 얻을 수 있을 것이다.

**차이를 만드는 1%**

**이야기가 있는 성과 보고가 좋다**

- 올해의 성과를 내년의 목표와 연관 지어서 당신이 맡고 있는 업무에 대해 기대하도록 한다.
- 자잘한 실패를 앞에 놓아서 성공을 강조하도록 하라.
- 사소한 실수는 인정하고 큰 전망을 강조하라.

# 32

## 상사와 연봉 인상에 대해 협상할 때

### 한국 직장인 600명에게 물었다

**직속상사와 연봉 인상에 대해 어떻게 이야기할 것인가?**

❶ 개인적인 사정 얘기를 솔직히 한다.

❷ 다른 동료 사원의 연봉과 비교해서 적당한 액수를 요구한다.

❸ 상사가 제시하는 대로 받아들이고, 액수가 낮을 경우엔 이직을 고려한다.

❹ 액수가 맞지 않을 경우, 이직할 수도 있다는 것을 미리 언급해둔다.

#### 1 : 1 설문조사 결과

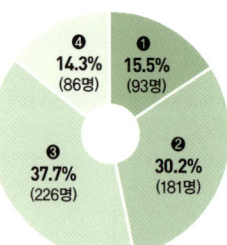

**❹**
14.3%
(86명)

**❶**
15.5%
(93명)

**❸**
37.7%
(226명)

**❷**
30.2%
(181명)

예상 외로 많은 직장인들이 상사가 제시하는 액수를 받아들이고, 낮을 경우엔 이직하겠다고 답했다. 동료 사원과 비교해서 적당한 액수를 제시하겠다는 의견도 상당히 많았다. 상당히 위험한 일이지만, 액수가 맞지 않을 경우, 이직할 수도 있다는 것을 미리 언급하겠다는 직장인도 상당수 있었다.

이외에, '상사가 제시하는대로 수용한다'는 응답이 14명 있었다.

상사에게 연봉 인상을 요구해야 할 시기가 왔다면 어떻게 말을 꺼내야 할까? 얼마나 인상해달라고 해야 할까? 연봉 인상이 기분 좋은 일임에는 틀림없지만, 연봉 인상이 단지 월급이 늘어나는 것만을 의미하지 않으며, 그 외의 다른 많은 문제와 관련된 것이기 때문에 상황이 그리 간단하지 않다.

또, 연봉 협상은 업무 평가와 다르다. 많은 직장인들이 상사와 업무 평가를 잘 하면 연봉 인상은 자연스레 따라오는 것으로 오해하고 있다. 업무 평가는 1년 간의 업무를 돌아보고 다음 목표를 설정하는 것이다. 연봉 협상은 이보다 훨씬 복잡한 과정을 통해 이루어진다. 특히, 업계 연봉 수준, 회사 내 연봉 수준, 회사 사정을 감안해서 인상 또는 동결, 인하까지 결정하게 된다. 이를 생각하지 않고 업무 평가만 신경 쓰고 '주는 대로 받겠다' 고 기다리는 것은 문제가 될 수 있다.

## 가장 성공적인 협상 결과는 WIN-WIN이다

연봉 인상을 요청할 때에 반드시 기억해야 할 것은 상사에게는 당신 외에도 많은 부하직원이 있다는 사실이다. 상사는 분명 당신 혼자만 연봉을 인상해주면 다른 직원들이 어떻게 생각할지 걱정이 될 것이다. 그러므로 그로 하여금 당신의 연봉을 인상해주는 것이 다른 직원들은 물론 부서 전체에도 도움이 되는 일이라고 느끼도록 해야 한다.

양쪽 모두 이득을 얻을 수 있는 협상이 바로 성공한 협상이다. 자신이 무엇을 원하는지를 정확히 파악해야 하는 것은 물론이지만, **더욱 중요한 것은 객관적인 입장에서 자신의 노력이 회사의 과거, 현재, 미래에 어떤 가치를 창출했는지를 설명하여, 상사로 하여금 당신의 연봉을 인상해주는 것이 최선의 선택임을 알게 해야 한다.**

## 협상의 기술

상사가 중요한 회의를 앞두고 매우 바쁠 때, 또는 회사가 경영난에 처해 있을 때에는 연봉 인상을 요구하지 않는 것이 좋다. 회사의 실적이 호조를 보이고 상사의 기분이 좋을 때, 상사가 부담을 느끼지 않을 장소를 선택해 연봉 인상에 대해 이야기해야 한다. 또한 평상시에 상사나 동료들과 원만하게 지냈다면, 상사도 당신의 연봉 인상이 크게 구설수에 오르내릴 염려가 없다고 생각할 것이다.

다음은 상사와 협상할 때 쉽게 저지를 수 있는 실수들이다.

첫째, 자신의 연봉을 동료와 비교하는 경우가 있다. 각 직원의 연봉이 똑같을 수는 없으므로 연봉 인상을 요구할 때 동료와 비교하는 것은 설득력이 없다. 자신의 연봉을 올려주어야만 한다고 설득하기보다는, 연봉을 올려줄 가치가 있다고 설득하는 편이 훨씬 효과적이다.

둘째, 내 집 마련이나 자동차 구입, 대출 등 개인적인 문제는 연봉 협상에서 고려 대상이 아니다. 예상보다 많은 직장인들이 연봉 협상 자리에서 은행 대출이나 자동차 할부금 얘기를 한다. 분위기를 부드럽게 만들려는 것이겠지만, 역효과를 낳을 수 있다. 사실에 근거하여 논리적으로 주장해야 한다. **외부에서 높은 연봉으로 스카우트 제의가 들어왔다며 위협하는 것도 매우 위험한 행동이다.** 상사는 아마 당신이 상습적으로 스카우트를 카드로 내세워 연봉을 인상해달라고 위협할 수 있다고 생각할 것이다.

당신의 직속상사에게도 역시 상사가 있고 회사의 정책이 있다. 그러므로 요구를 들어달라며 직속상사를 심하게 다그쳐서는 안 되며, 존중하고 배려하는 모습을 보여주어야 한다. 물론 평소에 상사와 원만한 관계를 유지하는 것도 큰 도움이 된다. 연봉 인상 폭을 결정할 때에는 터무니없이 높게 요구하기보다는, 동종 업계에서 자기와 비슷한 사람들의 연봉 수준을 알아보고, 자신의 몸값을 객관적으로 판단해야 한다. 주변 사람이나 친구들에게 적정 연봉 수준을 물어보는 것도 무방하다.

호황 업종이고 인력이 부족한 상황이라면 인상폭을 상대적으로 높게 잡아도 괜찮겠지만, 회사의 상황이 여의치 않다면 인센티브나 휴가, 교통비 지급 등 연봉 인상 외의 다른 방법으로 보완하는 타협점을 제시할 수도 있다.

## 돈 얘기는 조용하게 해야 수월하다

연봉 인상을 위해 협상할 때 자신이 연봉 인상을 요구하고 있다는 사실을 동료들에게 떠벌려 상사를 난처하게 만들어서는 안 되며, 연봉이 인상된 후에는 동료들에게 연봉 액수를 말해서는 안 된다. 이는 연봉 협상이 마음대로 되지 않았을 때도 마찬가지이다. 연봉이 마음에 들지 않는다고 감정적으로 대응하거나 불평을 늘어놓았다면 차라리 이직을 생각해보는 게 낫다.

협상은 내년에도 있다. 연봉 협상의 결과가 만족스럽지 못하다면, 내년을 준비하며 업무 계획을 짤 수 있다. 또 자신의 요구가 정당하다고 판단되고 협상 결과를 수긍할 수 없다면, 이직을 통해 새로운 기회를 찾을 수 있을 것이다.

차이를
만드는
1%

### 연봉 협상은 업무 평가와 다르다

- 당신의 올해 성과와 다음 해의 목표를 설정하는 게 업무 평가라면 연봉 협상은 동종 업계, 회사 내 동료들과 회사 사정까지 고려해서 결정된다.
- 업무 평가는 동료들과 협의하거나, 평가 내용을 공유할 수 있다. 또, 평가가 좋다면 동료들에게 알려서 당신의 업무 성과를 홍보하는 것도 좋다. 반면, 연봉 협상은 조용하게 이루어져야 한다.

# 33

## 새 직장이 옛 직장보다 못 할 경우

### 한국 직장인 600명에게 물었다

**새 직장으로 옮겼는데 알고 보니 업무 조건과 대우가 옛 직장보다 열악하다면 어떻게 할 것인가?**

❶ 어쩔 수 없다. 그대로 일한다.

❷ 다른 직장으로 옮긴다.

❸ 옛 직장으로 돌아간다.

**1 : 1 설문조사 결과**

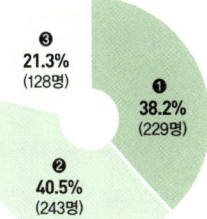

❸
21.3%
(128명)

❶
38.2%
(229명)

❷
40.5%
(243명)

그대로 일한다는 의견과 다른 직장으로 옮긴다는 의견이 비슷하게 나왔다. 반면, 옛 직장으로 돌아간다는 의견은 그렇게 많지 않았다.

경쟁이 날로 치열해지고 인재들의 이동이 점점 빈번해지고 있는 오늘날, 이직이란 직장인들에게 피할 수 없는 일이다. '평생 직장'이라는 개념이 사라지고 일생 동안 한 회사에 머물러 있으려는 사람은 거의 없다. 누구나 자신의 능력과 적성에 맞는 직업을 선택하고, 그 분야에서 성공하기를 바란다.

그러나 이직한 회사가 예상한 것만큼 흡족하지 않아 어느 정도 시간이 지나면 또 다시 불만이 생기는 경우가 있다. 회사를 그만둔 후에야 예전 회사가 가장 좋다는 것을 알게 되었다. 난감한 상황이 아닐 수 없다. 직장인 가운데 이런 경험을 하는 사람들이 많다. 애초에 좀더 알아보고 이직했어야 했다고 후회하지만 돌아가기가 쉽지 않고, 돌아갈 수 있다고 해도 체면이 서지 않는 일이기도 하다.

**이런 직장인이 상담을 요청하면, 나는 우선 앞으로 이직하기 전에 꼭 확인해야 하는 사항들을 바로 그때 정리해두라고 조언한다. 이직에 후회가 생겼을 때가 바로 자신이 직장생활에서 무엇을 원하는지 가장 정확히 알 수 있는 시기이기 때문이다.** 이전 직장으로 돌아갈 수 있든 없든, 다음에 회사를 옮길 기회가 생기면 그때는 후회 없는 선택을 할 수 있도록 '이직을 위한 체크 리스트'를 써두라는 것이다.

## 방향을 확실히 정하라

· ● ·

오 대리는 3년 동안 다니던 회사를 그만두고 다른 회사로 이직했다. 그런
데 얼마 지나지 않아 그것이 잘못된 선택이었음을 깨달았다. 새 회사의 근
무 환경과 대우가 원래 다니던 회사에 크게 못 미치는 것이었다. 게다가
처음에는 대리로 발령 내겠지만, 업무를 어느 정도 익히고 나면 바로 팀장
으로 승진시키겠다던 사장의 말도 믿기 힘들다는 것을 알게 됐다. .

오 대리는 예전에 다니던 회사로 되돌아가고 싶었다. 그 회사에서는 실력
을 인정받으며 나름대로 촉망 받는 인재였는데, 사소한 불만 때문에 박차
고 나온 것이 몹시 후회스러웠다. 오 대리는 혼란스러웠다. 그대로 있자니
억울하고 불만스럽고, 또다시 이직을 하자니 자신이 없고, 예전 회사로 되
돌아가자니 상사의 만류를 냉정하게 뿌리치고 나와 다시 받아달라고 말할
면목이 없었다. 게다가 더욱 중요한 것은 퇴사하면서 동료들에게 야심 찬
포부를 밝히고 꼭 뜻을 이루겠다며 호언장담했는데, 아무 것도 이룬 것 없
이 돌아갈 수는 없다고 했다.

내가 뭐라고 조언했겠는가? 이전 회사로 돌아가지 못하는 이유가 단지 체
면 때문이라면, 그 체면은 잊고 돌아가라고 충고했다.

· ● ·

직장생활을 하다 보면 이런 일을 가끔 겪게 된다. 자신의 선택을 돌이키고 싶은 경우가 생긴다. 이런 경우 가장 중요한 것은 우선 자신의 방향을 명확하게 설정해야 한다는 것이다. 새 회사가 만족스럽지 못하다고 해서 무턱대고 원래 다니던 회사로 돌아가려고만 하지 말고 먼저 새 회사의 업무와 발전 가능성을 자세히 파악한 후 정말로 그곳에서 일할 가치가 없다고 판단된다면 과감히 떠나야 한다.

이 경우에도 두 가지 방법이 있다. 하나는 원래 회사로 다시 돌아가는 것이고, 다른 하나는 다른 회사를 찾는 것이다. 이 둘 중 어떤 것을 선택하느냐 역시 심사숙고해서 결정할 일이다.

첫째, 자신이 어떤 일을 좋아하는지 생각해보자. 자기 적성에 맞고 흥미를 느끼는 일을 해야 일에 대한 열정이 자연스레 생겨날 수 있다.

둘째, 자신이 어떤 일에 더 적합한지 생각해보자. 성격과 직업은 밀접한 관계가 있다. 한 예로 덤벙대는 사람은 교정이나 편집 업무에 적합하지 않다. 자신의 성격과 좋아하는 일이 일치하는 일이 바로 자신에게 가장 적합한 일이다.

셋째, 그 일을 할 능력이 있는지 생각해보자. 일을 수행할 수 있는 충분한 능력이 있어서 그 직업을 선택할 수 있다.

위의 요건은 무척 당연한 것들이다. 그런데, 만약 이직이 후회된다면 바로 이 당연한 것들을 살펴보지 않고 결정했기 때문이다. 이 기본적인 것들을 자세히 고려해야만 만족스러운 직업을 찾을 수 있다. 그러나 **대부분의 사람들은 예전에 일하던 회사가 자신에게 가장 적합하다고 생각하는 경향이 있다.** 자연스러운 일이다. 어찌 됐거나 이제까지 해오던 일이 아닌가! 하지만 되돌아가는 것만 대안인지 다시 따져봐야 한다.

## 체면을 내버려라

기본적인 사항들을 생각해봤는데 원래 다니던 회사로 돌아가고 싶다면 체면을 너무 중요하게 생각하지 말고 당당하게 돌아가야 한다. 많은 사람들이 제 발로 나온 곳에 다시 들어가는 것이 자존심 상하는 일이라고 생각하기 때문에 예전 회사가 자신에게 더 적합하다는 것을 알면서도 다시 돌아가기를 꺼린다.

그러나 그럴 필요가 있을까? **원래 하던 일이 자신의 적성에 맞고, 또 일할 가치가 있다고 생각된다면 다른 것은 크게 신경 쓸 필요가 없다. 좋은 회사는 언제나 우수한 인재를 환영하는 법이다.**

· · ● ·

2003년 모토로라 중국 법인 주최로 열린 취업설명회에 예전에 모토로라에서 근무하던 한 남자가 찾아와 이력서를 제출했다. 인사 담당자에게 그는 이렇게 말했다.

"모토로라를 떠난 것은 제 선택이었습니다. 당시 IT업계가 호황이었기 때문에 회사를 나와 더 넓은 세상을 개척해보려고 했었죠. 그런데 이곳저곳을 가보아도 역시 모토로라만한 회사가 없었습니다. 회사를 그만두고 나서야 모토로라가 직원들이 능력을 발휘할 수 있고, 복지혜택이 좋고, 우수한 문화를 가진 기업이라는 것을 알게 되었습니다. 그래서 다시 모토로라를 선택했습니다."

모토로라는 퇴사했던 직원이 1년 안에 되돌아오면 원래 자리로 복귀시키고 연봉도 예전 그대로 지급한다. 직원들이 퇴사한 후 다른 회사를 다니면서 심리적으로 성숙해지고 업무 경험도 더 풍부해지기 때문에 다시 돌아오면 회사로서는 이익이라고 생각하기 때문이다.

● ● ●

비단 모토로라만이 이런 게 아니다. 이전의 직장 문화는 이직도 많지 않았고, 한 번 그만 둔 회사에 다시 돌아온다는 게 그리 흔한 일이 아니었다. 하지만, 요즘의 회사는 점점 더 '바로 일할 수 있는' 직원을 선호하고 있다. 한 번 회사를 사직했더라도, 바로 일할 수 있는 직원이 다시 돌아오는 것을 꺼릴 이유가 없다.

## 미리 마음의 준비를 하라

원래 다니던 회사로 복귀하기로 결심했다면 그로 인해 겪게 될 어려운 일들을 감당할 마음의 준비를 해야 한다. 당신을 비웃고 험담하는 사람들이 있을 것이고, 또 상사와 동료들이 자신을 예전만큼 신뢰하지 않을 수 있기 때문이다. **그러므로 상사를 찾아가 진심을 털어놓고 대화를 나눈다거나, 평소 동료들과 이야기를 나누면서 은연중에 이 회사에서 오랫동안 일할 생각임을 밝혀야 한다.** 그래야만 자신을 바라보는 주변의 의심스러운 눈초리를 부드럽게 변화시키고, 회사에서 발전할 수 있다.

가장 중요한 것은 성과와 실적으로 자신을 다시 받아들인 것이 잘한 선택이었음을 증명해주어야 한다는 점이다. 예전보다 더 높은 성과를 거두고, 동료들과 더 원만하게 지낸다면, 문제 될 것이 없지 않은가?

차이를
만드는
1%

### 이직이 후회될 때

- 앞으로 이직을 생각할 때 쓸 검토 항목표를 작성하라.
- 작성한 항목표에 따라 옮긴 회사와 예전 회사를 평가하라.
- 아무래도 예전 회사로 돌아가야겠다면, 체면 생각하지 말고 당당하게 돌아가라.

# 34

## 휴일에도 근무하기를 요구받았을 때

### 한국 직장인 600명에게 물었다

**상사가 휴일에도 근무하기를 요구한다면 어떻게 할 것인가?**

❶ 지시에 따른다.

❷ 핑계를 대고 빠져나온다.

❸ 확실한 거부의사를 밝힌다.

**1 : 1 설문조사 결과**

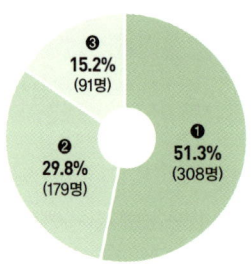

❸
15.2%
(91명)

❷
29.8%
(179명)

❶
51.3%
(308명)

절반 정도의 직장인들이 지시대로 휴일에 근무한다고 답했고, 상당히 많은 수가 핑계를 대고 빠져나온다고 답했다. 반면, 확실히 거부 의사를 밝힌다는 직장인은 많지 않았다. 이외에 22명의 응답자가 '휴일 출근한 후 눈치껏 중간에 퇴근하거나, 업무를 보지 않고 사무실에서 시간을 보낸다.'고 대답했다.

바쁜 업무에 시달리다가 연휴를 맞이해 쉴 수 있겠다는 생각에 기뻐하고 있을 때, 갑자기 연휴에도 출근하라는 방침이 내려졌다. 연휴에는 좀 쉬면서 충전을 하고 오붓하게 데이트를 하거나 가족들과 함께 나들이를 가고 싶은데, 이런 꿈이 산산조각 나게 생겼다. 연휴 내내 일에 파묻혀 살아야 한다고 생각하니 의욕이 나지 않는다. 이런 상황에서는 어떻게 해야 할까?

## 스스로에게 휴일 근무의 이유를 부여하라

모든 사람이 다 휴일 근무를 무조건 싫어하는 것은 아니다. 대부분의 직장인들은 휴일 근무를 해야 하는 정당한 이유를 제시하면 기꺼이 응할 수 있다. 그러므로, 만약 꼭 휴일 근무를 해야 한다면 스스로에게 휴일 근무를 해야만 하는 이유를 부여하는 것이 좋은 방법이 될 수 있다.

예를 들어, 능력이 부족해 동료들에 비해 업무가 뒤지므로 정상 근무만으로는 업무를 완성할 수 없다고 치자. 게다가 이 때문에 해고당할 위기에 처했다고 해보자. 그렇다면 상사가 휴일 근무의 기회를 주는 것이 오히려 고맙게 느껴질 수도 있다. 부족함을 보완할 시간을 확보했기 때문이다. 또 기본급은 얼마 되지 않지만 휴일 근무 수당이 짭짤하다면, 가계에 보탬이 되기 위해 휴일 근무를 자청해야 하는 경우도 있을 수 있다.

　사회에 갓 발을 들여놓은 신입사원들 역시 낯선 환경과 업무, 낯선 상사에게 적응하기 위해 흔쾌히 휴일 근무에 동의할 수 있다. 신입사원에게 휴일 근무는 전문 지식을 익힐 시간이 남들보다 더 많아지고, 또 상사와 가까워질 수 있는 절호의 찬스가 아닌가. 휴일 근무를 해야 하는 이유는 너무도 많아서 몇 가지로 정리할 수 없다. 스스로 현 상황과 앞으로의 발전을 고려하여 기꺼이 휴일 근무에 응할 수 있는 이유를 찾아내면 된다.


● ● ●


　입사 2년차인 안씨의 회사가 곤경에 처했다. 동종 업계에서 막강한 경쟁력을 갖춘 회사가 사활을 건 가격 경쟁을 시작한 것이다. 경쟁사의 공세에 밀려 안씨의 회사도 제품 가격을 인하하지 않으면 안 될 상황에 처하게되었다. 회사가 직원들에게 비상사태를 선포한 후, 직원들에게 지급될 예정이던 성과급이 절반으로 삭감되고 휴일에도 모두 출근해 근무를 해야 했다.

당연히 직원들 사이에서 볼멘소리가 터져 나왔다. 성과급은 줄어들고 업무는 늘어나니 누가 기분이 좋겠는가. 직원들이 사기가 땅에 떨어졌다. 휴일에 출근을 해보니 직원들 모두 불만이 가득한 얼굴로 일을 하고 있었다.

그 모습을 본 안씨는 '지금이 자신의 능력을 보여줄 기회'라고 생각했다. 이때 일하는 것이야말로 눈에 띌 것이라고 생각한 그는 의욕적으로 일을 하기 시작했다. 과연 그의 모습이 사장의 눈에 띄었고, 단지 잠깐 동안의 휴식과 잡담을 포기한 것뿐인데, 그는 그 일로 사장에게 신임을 얻을 수 있었다.

· · ·

## 투자자의 눈으로 회사를 보라

회사 규정에 특근 수당이 정해져 있지 않을 수도 있다. 이런 일이 하루 이틀도 아니고 계속 이어진다면 당연히 기분이 좋지 않을 것이다. 또, 회사 일 때문에 당신의 생활이 엉망이 되는 것도 사실이다. 이런 때는 **직원이 아니라, 투자자의 눈으로 회사를 평가하라. 직원으로서 당신은 당신의 노력에 대해 월급을 받고 있다. 그렇다면, 회사가 요구하는 추가 근무를 투자로 생각해보면 어떤가?**

당신의 회사는 당신의 시간, 당신의 휴식을 추가로 투자할 만한 가치를 지내고 있는가? 이렇게 말하는 이유는, 그저 짜증 난 김에 휴일 근무에 대해 불평을 하기보다는 회사의 가치를 객관적으로 바라봤을 때 당신이 휴일에도 일하는 의미를 정확히 알 수 있기 때문이다. 투자자의 시각으로 바라보면, 지금의 규모와 관계 없이 투자할 만한 회사일 수도 있다. 그렇다면, 당신의 시간을 투자하라. 반대로 투자 가치가 없다면, 당신은 'No'라고 말하는 법을 배워야 한다.

## 상사에게 "NO"라고 말하는 법을 배우라

특히 규모가 작은 회사는 제도가 엄격하지 않고 사장이 직원들의 노동력을 최대한 얻어내기 위해 수당도 주지 않고 휴일 근무를 요구하는 경우가 있다. 이런 경우 경영진은 당신 스스로 자신이 회사에서 없어서는 안 될 직원이라고 생각하도록 만든다. 그래야만 기꺼이 휴일 근무와 야근에 응하기 때문이다. 그러나 이런 사장의 미봉책에 걸려들지 말고 문제를 이성적으로 관찰하고 판단해야 한다. 사실 칭찬은 그저 당신으로 하여금 휴일에도 출근하게 하기 위한 미끼에 불과할 수도 있다. 그런 경우에는 반드시 단호하게 "NO"라고 말해야 한다.

물론 거절에도 기술이 있다. 휴일 근무을 할 수 없는 이유를 설명해, 상사의 심기를 건드리지 않으면서 완곡하게 거절해야 한다. 쓸 데 없는 갈등을 만들어서 그 회사에 있는 동안 피곤한 날을 보낼 필요가 없다. 휴일 근무가 계속 이어질 경우 이직해야겠다고 생각한다면, 아예 핑계를 대고 휴일 근무에서 빠지는 것도 방법이다.

휴일 근무가 유난히 많은 입종이 있고, 같은 업종에서노 휴일 근부가 많은 회사가 있다. 직장인들에게 휴일 근무만큼 부담스러운 것이 없다. 그렇다 보니, 휴일 근무가 많은 회사에 대해 선입견을 갖는 경우가 있다.

그런데 자세히 살펴보면, 휴일 근무라고 해서 다 똑같지 않다. 회사가 휴일 근무에 대해 어떻게 보상하고 평가하는가? 휴일 근무를 하는 이유가 무엇인가? 업무 상 필요해서 휴일 근무를 요구하는 것인가? 아니면, 단지 비효율적인 업무 처리 방식 때문에 휴일 근무를 하게 되는 것인가?

요컨대 상사가 무언가를 요구했다면, 자신의 상황을 고려하여 합리적으로 선택해야 한다. 휴일에 근무하지 않는다고 기뻐할 필요도 없지만, 휴일 근무를 해야 한다고 해서 울상 지을 필요도 없다. 단, 명심해야 할 것은 휴일 근무를 하기로 결정했다면 다른 생각은 하지 말고 열심히 일해야 한다는 점이다.

**차이를 만드는 1%**

### 직장인 최고의 난감 상황, 휴일 근무

- 무엇보다 먼저, 그 회사가 당신의 휴일을 투자할 만한 회사인지 한 번 생각해보라.
- 휴일에도 근무하기로 했다면, 스스로에게 휴일 근무 동안의 목표를 부여하라.
- 휴일 근무가 어렵고 회사의 전망도 밝지 않아 보인다면, 적당한 핑계를 대고 빠져나오라.

# 35

## 전문가가 아닌 상사가 전문가인 직원들을 이끄는 경우

한국 직장인 600명에게 물었다

**상사가 업무에 문외한이라면 어떻게 할 것인가?**

❶ 최선을 다해 돕는다.

❷ 전문가가 아닌 상사와 일하는 건 내게도 도움이 되지 않는다. 전환배치나 이직을 고려한다.

❸ 상사와 관계없이 내 일만 열심히 하면 그만이다.

### 1 : 1 설문조사 결과

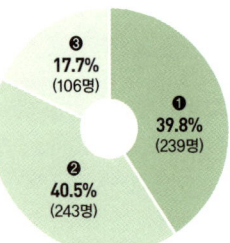

❸
17.7%
(106명)

❶
39.8%
(239명)

❷
40.5%
(243명)

많은 직장인들이 전문가가 아닌 상사와 일하는 것보다 전환배치나 이직을 택했다. 비슷한 숫자가 최선을 다해 돕는다고 답했지만, 상사가 전문가가 아닐 경우 전환배치를 택하겠다는 수치가 무척 높다.

기타 의견으로, 응답자 가운데 12명이 '상급 상사에게 상사를 교체해달라고 요청한다'고 답했다.

아무리 자기 분야에서 전문가라고 해도 다른 분야에서는 문외한일 수 있다. 각 분야마다 규칙이 다르고 일하는 방식이 다르므로, 어느 누구도 자신이 맡은 분야가 아니면 잘 알기가 힘들다. 그런데 당신의 부서에 새로 발령을 받은 상사가 이 분야에 대해 잘 알지 못해 업무 처리 능력이나 전략 판단 능력을 믿을 수 없다면 어떻게 해야 할까?

## 리스크를 넘겨라

문외한인 상사가 자기 분야의 기술과 제도, 규칙 및 산업 환경 등에 대해 제대로 이해하지 못해 정확한 판단을 내리지 못하는 경우가 있다. 게다가 그 상사가 자신이 무조건 옳다며 전문가인 부하직원들의 의견을 무시하고 독단적으로 일을 처리해 부서 전체에 큰 손실을 입힌다면 상황이 더욱 심각하다.

김 부장은 한 제약회사에서 오래 근무한 연구원이다. 그는 창사 직후에 입사해 회사가 발전하는 것을 보며 보람과 자부심을 가지고 있었다. 그런데 갑자기 사장이 심장마비로 사망하고 경영학을 전공한 사장의 아들이 회사의 경영을 맡게 되었다.

그런데 제약 업계에 대해서는 전혀 아는 것이 없는 문외한인 이 신임사장이 업무에 관해서 김 부장에게 이러쿵저러쿵 충고와 질책을 해대는 것이 아닌가. 나름대로 경영학을 전공한 전문가라는 자부심 때문인지 젊은 신임 사장은 회사의 전반적인 업무에 문제점이 많다며 대대적인 개혁에 착수했다. 그는 김 부장의 건의에는 귀를 기울이지 않고 원가 절감과 효율 증대를 내세워 생산 계획을 새로 수립하고, 생산 공정을 바꾸기 시작했다.

전문가인 김 부장이 보기에 이런 개혁들은 오히려 회사에 해를 끼칠 뿐이었다. 김 부장을 비롯해 경력이 많은 몇몇 직원들이 함께 신임 사장에게 반대 의견을 제출했지만, 사장은 나이든 직원들이 겁이 많고 복지부동이 체질화됐다며 오히려 질책을 하는 것이었다. 결국 개혁이 실시된 후 제품의 질이 급격히 하락해 회사의 신뢰도가 타격을 입고 재고 적체로 큰 손실을 입게 되었다.

나는 김 부장에게 회사를 옮기라고 충고했다. 하지만, 김 부장은 회사를 옮기지 않았다. 회사를 평가하는 데 있어서, 현재의 상황보다 중요한 것이 미래의 전망이다. 전문가인 김 부장이 평가하기에 회사가 잘못된 방향으로 가고 있다면, 자신의 판단을 믿고 이직하는 게 가장 좋은 선택이다. 하지만, 이제까지 일한 회사에 대해 책임감을 느낀다면, 그것도 어쩔 수 없는 일이다.

● ● ●

문외한인 상사가 전문가인 부하직원들을 통솔해 모험을 하려고 한다면, 경력이 많은 직원들에게 허심탄회하게 의견을 구하고 많은 의견들을 수집한 후에 결정을 내려야 한다. 보통 문외한인 사람이 보기에는 전문가의 행동이 잘 이해가 되지 않을 수 있으므로, 문외한인 상사가 독단적으로 일을 처리해 회사에 손실을 입히고 있다면, 그보다 더 높은 상급 상사에게 이 사실을 알려 정책 수정을 유도하거나, 아니면 아예 상사를 바꿔달라고 요구해야 한다.

또, 위 사례의 김 부장처럼 상사를 바꿔달라고 요청할 수 없을 때는, 달리 방법이 없다. **공식적인 경로로 계속 의견을 제시해야 한다. 그러면서, 결정에 따르는 리스크는 상사에게 넘겨야 한다.** 만약, 이 제약회사가 잘못된 결정으로 망하지 않고 살아남아 혁신을 계획한다면, 김 부장은 이 회사에서 중요한 역할을 할 수 있을 것이다. 회사가 망하더라도 업계에서 새로운 회사를 찾는 데 도움이 될 것이다.

## WIN-WIN 효과를 얻을 수도 있다

한 대기업 회장이 이런 말을 했다. "저는 문외한입니다. 그저 품질이 좋은 제품을 만들기 위해 노력하고, 기본적인 관리 능력을 갖춘 것뿐입니다. 다만 저는 전문가인 직원들이 적극적으로 일할 수 있는 원동력을 제공하는데 주력하고 있습니다. 직원들이 잠재력을 발휘하고 더 높은 목표를 향해 노력할 수 있는 기업문화를 만드는 것이지요. 그들이 성공하면 회사도 성공할 수 있습니다. 이것이 바로 WIN-WIN입니다."

한 사람이 일생 동안 익힐 수 있는 것은 이 세상의 수많은 지식과 기술에 비하면 너무도 작다. 그러므로 성공한 사람과 그렇지 못한 사람의 차이는 가지고 있는 지식과 기술에 있는 것이 아니라, 모르는 것은 배우려는 의욕에 있다.

전혀 모르는 분야에서 상사로서 직원들을 통솔하게 되었다 해도, 겸손한 태도로 많은 사람들의 의견을 수집하고 모르는 것은 배우려고 노력한다면 충분히 일을 훌륭하게 처리할 수 있다. **문외한인 상사가 어떤 지시를 내리든 자신은 그저 시키는 대로 일하고 월급만 받으면 그만이라고 생각하는 사람들도 있을 것이다. 그러나 이런 생각으로는 자신도 성공하기 어렵다.** 상사가 정확한 결정을 내려 부서 전체가 좋은 성과를 거두는 것이 자신에게도 유리하다.

● ● ●

윤 부장이 다니는 컴퓨터 회사가 경영 부실로 도산 위기에 처하자 잡지사 사장 출신의 재력가가 회사를 인수했다. 그런데 이 소식이 전해지자 직원들이 잇따라 회사를 그만두었다. 잡지사를 경영하던 사람이 컴퓨터 회사를 경영하면 회사가 곧 망하고 말 것이라는 생각 때문이었다. 나는 이 경우엔, 이직하기 전에 좀더 지켜볼 것을 권했다.

윤 부장은 사직서를 내지 않았다. 아직은 회사에 잠재력이 있고, 또 이런 회사를 인수할 정도라면 신임 사장도 안목을 갖춘 사람일 것이라는 생각 때문이었다. 신임 사장은 취임 직후부터 직원들에게 업계의 상황과 기술과 관련된 지식에 대해 조언을 구하고, 음반이 소형화되는 추세에 맞추어 음반 시장을 공략하면 승산이 있을 것이라고 판단하고 직원들에게 함께 모험을 하자고 설득했다. 윤 부장의 생각대로 사장의 안목은 과연 탁월했다. 그리고 그제야 알게 된 것이지만, 신임 사장이 과거에 컴퓨터 관련 잡지사에서 편집장으로 일한 경험이 있었다. 몇 년 후 회사의 규모가 점점 커지더니, 사장도 이미 거의 전문가가 되고 윤 부장은 이사직으로 임명되었다.

회사란, 리더가 그 분야에 대해 잘 안다고 해서 늘 발전하는 게 아니고, 반대로 전혀 알지 못한다고 해서 삐걱대는 게 아니다. 회사가 삐걱대는 이유는, 리더가 자기 스스로를 제대로 평가하지 못하기 때문이다.

윤 부장의 회사를 인수한 사장은 앞서 제약회사를 물려받은 경우와 다르다. 자기 스스로 선택해서 위험을 감수한 셈이고, 이럴 때는 새로운 사장을 좀더 지켜볼 필요가 있다. 상사가 그 분야에 대해 많이 알지 못한다고 해서 절대로 무시해서는 안 된다. 그를 도와 일을 훌륭하게 처리해나간다면 회사와 개인이 모두 발전하는 WIN-WIN 효과를 거둘 수 있다.

차이를 만드는 1%

### 직장인들은 왜 비전문가 상사와 일하게 되는가?

- 새로운 발전 방향 모색을 위해서.
- 전문 분야와 관계 없이 부하직원 관리에 능한 상사도 필요하기 때문에.
- 낙하산 인사 등 업무 외의 일 때문에.

# 36

## 회사가 도산할 위기에 처했을 때

한국 직장인 600명에게 물었다

**회사가 도산할 위기에 처했다면 어떻게 할 것인가?**

❶ 두 말 할 것도 없이 그만둔다.

❷ 그럭저럭 다니다가 도산하면 다른 직장을 구한다.

❸ 난관을 헤쳐 나가기 위해 열심히 일한다.

**1 : 1 설문조사 결과**

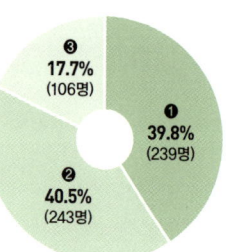

❸
**17.7%**
(106명)

❶
**39.8%**
(239명)

❷
**40.5%**
(243명)

대부분의 직장인들이 당장 그만두거나, 그럭저럭 다닌다고 답했다. 이에 비해 열심히 일하겠다는 대답은 10% 남짓에 불과했다.

하루에도 수없이 많은 회사가 생겨나고, 또 수없이 많은 회사가 문을 닫는다. 그런데 어느 날 자신이 다니던 회사가 도산할 위기에 처했다는 것을 알게 되면 어떻게 해야 할까?

'두 말 할 것도 없이 그만둬야지요. 내 살 길을 찾는 것이 먼저가 아닙니까?' 라고 말하는 사람들도 있을 것이다. 그러나 성공한 기업가들을 대상으로 실시한 조사 결과를 보면, '직원들이 반드시 갖추어야 할 조건이 무엇이라고 생각하십니까?' 라는 질문에 거의 대부분 '충성심'을 선택했다.

## 기업이 가장 필요로 하는 것은 '충성심'

민씨는 한 회사의 우수한 연구원이다. 말단사원이지만 그 업계에서는 매우 유명한 인재로 경쟁사들도 모두 그의 명성을 알고 있다. 그러던 어느 날 경쟁사의 이사가 식사를 대접하겠다며 민씨를 만나자고 하는 것이 아닌가. 민씨도 자신의 회사와 그 회사가 경쟁 관계에 있음을 알고 있었다. 그날 식사를 하면서 두 사람은 기술과 관련된 이야기를 허심탄회하게 나누었고, 둘의

견해가 많이 일치한다는 것을 알게 되었다. 그때 갑자기 이사가 말했다.

"자네는 아주 우수한 인재라네. 그런데 자네 회사가 지금 도산할 위기에 처해있어. 우리 회사로 온다면 반드시 중요한 자리에 임명해주겠네."

민씨도 현재 회사의 상황이 어렵다는 것을 잘 알고 있었지만, 조금도 망설임 없이 고개를 저으며 대답했다.

"저도 회사가 경영난에 처해있다는 것을 알고 있습니다. 그러나 전 아직도 희망을 포기하지 않았습니다."

민씨의 단호한 태도에 이사도 더 이상은 권유하지 않았다.

얼마 후 민씨가 다니던 회사가 도산하고 그 역시 실업자가 되었다. 그로부터 6개월 후 직장을 찾지 못해 고민에 빠져있던 민씨에게 예전의 그 이사가 다시 전화를 걸어왔다. 뜻밖에도 여전히 민씨을 자기 회사로 영입하고 싶다고 말하는 것이 아닌가. 추천 이유는 바로 그가 우수한 연구원일 뿐만 아니라, 충성심이 강하다는 것이었다.

· ● ·

회사는 직원들의 충성심에 의해 발전한다고 해도 과언이 아니다. 모든 직원이 회사에 충성해야만 단체의 힘이 발휘될 수 있다. 회사가 어려움에 처해있다고 해도 동요되지 않고 열심히 일하다 보면, 설령 회사를 재기시키지 못한다 해도 모두 당신의 충성심을 알고 있기 때문에 새 직장을 구하는 것이 훨씬 쉬울 수 있다.

다른 회사에서도 역시 충성심이 강한 직원을 원하기 때문이다. 반대로 회사가 마음에 들지 않는다고 금세 그만두고 이직을 하는 사람들은 스스로는 영리하다고 자부할지 몰라도 그가 옮겨가는 회사마다 그가 또 언제 이직할지 모른다고 의심해 승진에서 불리한 대우를 받을 수 있다.

## 회사에 충성하는 것이 자신에게도 유리하다

한 성공학의 대가는 이렇게 말했다. "충성심은 성공의 발판이다." 회사의 경영난은 직원들의 충성심을 시험해볼 수 있는 가장 좋은 기회이다. 자신의 자리를 지키고 꿋꿋이 일하며 사장을 격려하고 지지해 회사가 재기한다면 당신은 회사에서 중요한 사람이 될 것이다. **물론 회사에 충성하라는 것이 이직을 하지 말라는 의미는 아니다. 다른 회사에 충성하기로 결정할 수도 있다. 그러나 이직 횟수가 한 사람의 충성도를 가늠하는 매우 중요한 기준이 된다는 점을 명심하자.** 한 통계에 의하면, 현대인들이 일생 동안 평균 5~6회 이직을 하는데, 기업의 경영진이 된 사람들 중 90%가 이직 횟수가 3회 미만이라고 한다. 그러므로 이직을 결정할 때에는 반드시 심사숙고를 거쳐, 복잡한 이직 경력이 사회적인 성공에 걸림돌이 되지 않도록 해야 한다.

차이를
만드는
1%

### 회사는 무엇보다도 충성도 높은 직원을 원한다

- 너무 잦은 이직은 좋지 않다.
- 위기에 처한 회사라도 쉽게 버리지 말라
- 업계에 능력과 함께 애사심을 인정받아야 한다.

저자 **양학강** | 많은 직장인 상담을 통해 얻은 경험과 지식으로 직장인에게 꼭 필요한 책을 써서 독자들에게 큰 호응을 얻었다. 북경사범대학 중문과를 졸업하고 작가로 집필 활동 중. 오랫동안 사회 심리와 실용서를 집필해왔다. 저서로는 베스트셀러 〈이런 일은 사장님께 알릴 필요가 없다〉, 〈승패를 결정짓는 49가지 태도〉가 있다. 이 외에도 〈친구를 사귈 수 있는 좋은 방법〉, 〈현대 사회에서 살아남는 법〉 등을 썼다.

역자 **허유영** | 한국외국어대학교 중국어과를 마치고, 같은 대학 통역번역대학원 한중과를 졸업했다. 현재 기업체 및 정부기관에서 통역자와 번역가로 활동 중이다.
지은 책으로 《쉽게 쓰는 나의 중국어 일기장》이 있고, 옮긴 책으로 《수신제가-강희원전》, 《저우언라이 평전》, 《디테일의 힘》, 《17살, 인생의 승부가 시작된다》 외 20권 이상이 있다.

# 잘 나가는 직장인은 **1%**가 다르다

지은이  양학강
옮긴이  허유영
펴낸이  김병은
펴낸곳  프롬북스

등록  제313-2007-000021호(2007.2.1.)
제1판 1쇄 발행  2007년 8월 20일

주소  서울특별시 마포구 성산동 133-7 도원빌딩 307호
대표번호  02-308-0721
편집팀  02-308-0761
팩스  02-308-7781
홈페이지  http://www.frombooks.co.kr
전자우편  edit@frombooks.co.kr